VERBORGENES

POTSDAM

Manuel Roy

JONGLEZ VERLAG

Reiseführer

Manuel Roy, Doktor der klassischen deutschen Philosophie und leidenschaftlicher Anhänger des 19. Jahrhunderts, verbrachte 20 Jahre seines Lebens an seinem Arbeitstisch. Als er von einem chronischen Hexenschuss gewarnt wurde, dass sein hartnäckiges Sitzen ihm bald den Rollstuhl einbringen würde, entschied er sich endlich, seine Beine zu benutzen und nutzte die Gelegenheit, um Potsdam, Berlin und Brandenburg aktiv zu erkunden. Das war vor über zehn Jahren und er läuft immer noch.

Während ihres Studiums der Kunstgeschichte war **Berit Ruge** von der im Wortsinn lebendigen Gartenkunstgeschichte fasziniert. Eine gold- und rosenkreuzerische Erkenntnisreise im und durch den Neuen Garten ist Thema ihrer 2013 publizierten Doktorarbeit *Von der Finsternis zum Licht*. Sie war ebenso als Kunst-und Kulturvermittlerin der Stiftung *Preußische Schlösser und Gärten* sowie als Dozentin für das Gasthörercard-Programm der Freien Universität Berlin tätig. Sie nahm an Tagungen teil und publizierte Beiträge zum Thema. Der mit allen Sinnen erfahrbare philosophische Kosmos der Gartenanlagen begeistert sie bis zum heutigen Tage.

Marike Langhorst ist Literaturwissenschaftlerin, Reisebuchautorin, Bloggerin und Studienreiseleiterin. Sie ist kulturbegeistert, outdoorsüchtig und begeisterte Potsdam-Liebhaberin. Mit ihrem Motto „Nah ist's auch schön" erkundet sie die Umgebung und macht spannende Entdeckungen.

Christophe Curin stammt aus einer deutsch-französischen Familie. Er studierte Geschichte in Bielefeld, Paris und schließlich in Potsdam, wo er sich 2013 niederließ. Fasziniert von Potsdam, das er kreuz und quer durchwandert hat, arbeitet Christophe als Stadtführer in Potsdam.

Die Arbeit an dem Reiseführer *Verborgenes Potsdam* hat uns große Freude bereitet. Wir hoffen, dass wir Ihnen damit ungewöhnliche, verborgene oder eher unbekannte Winkel der Stadt näherbringen können. Manche Einträge sind mit historischen Anmerkungen oder Anekdoten versehen, die dabei helfen, die Stadt in ihrer Vielschichtigkeit zu verstehen.
Verborgenes Potsdam lenkt die Aufmerksamkeit der Reisenden auf die vielen kleinen Details, an denen wir Tag für Tag achtlos vorbeigehen. Wir laden Sie ein, sich mit offenen Augen durch die urbane Landschaft zu bewegen und dieser Stadt, wenn Sie hier leben, mit ebenso viel Neugier und Interesse zu begegnen wie Sie das auf Reisen in fremden Städten tun ...

Über Anmerkungen zu diesem Reiseführer und seinem Inhalt sowie Informationen zu Orten, die darin nicht aufgeführt sind, freuen wir uns sehr. Wir bemühen uns, diese in künftigen Auflagen zu integrieren.

Kontaktieren Sie uns:
E-Mail: info@jonglezverlag.com

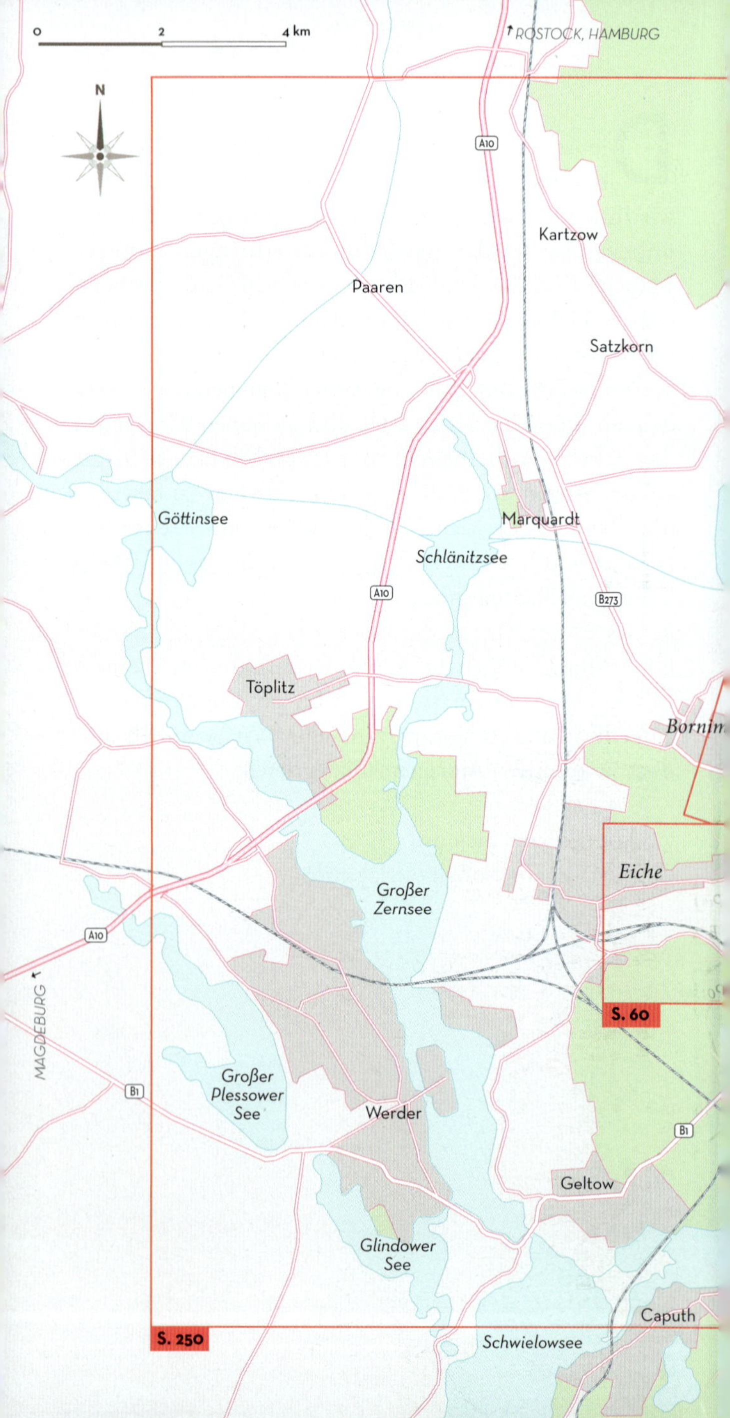

0
2
4 km
N
ROSTOCK, HAMBURG
A10
Kartzow
Paaren
Satzkorn
Göttinsee
Marquardt
Schlänitzsee
A10
B273
Töplitz
Bornim
Eiche
Großer Zernsee
A10
MAGDEBURG
S. 60
Großer Plessower See
B1
Werder
B1
Geltow
Glindower See
Caputh
S. 250
Schwielowsee

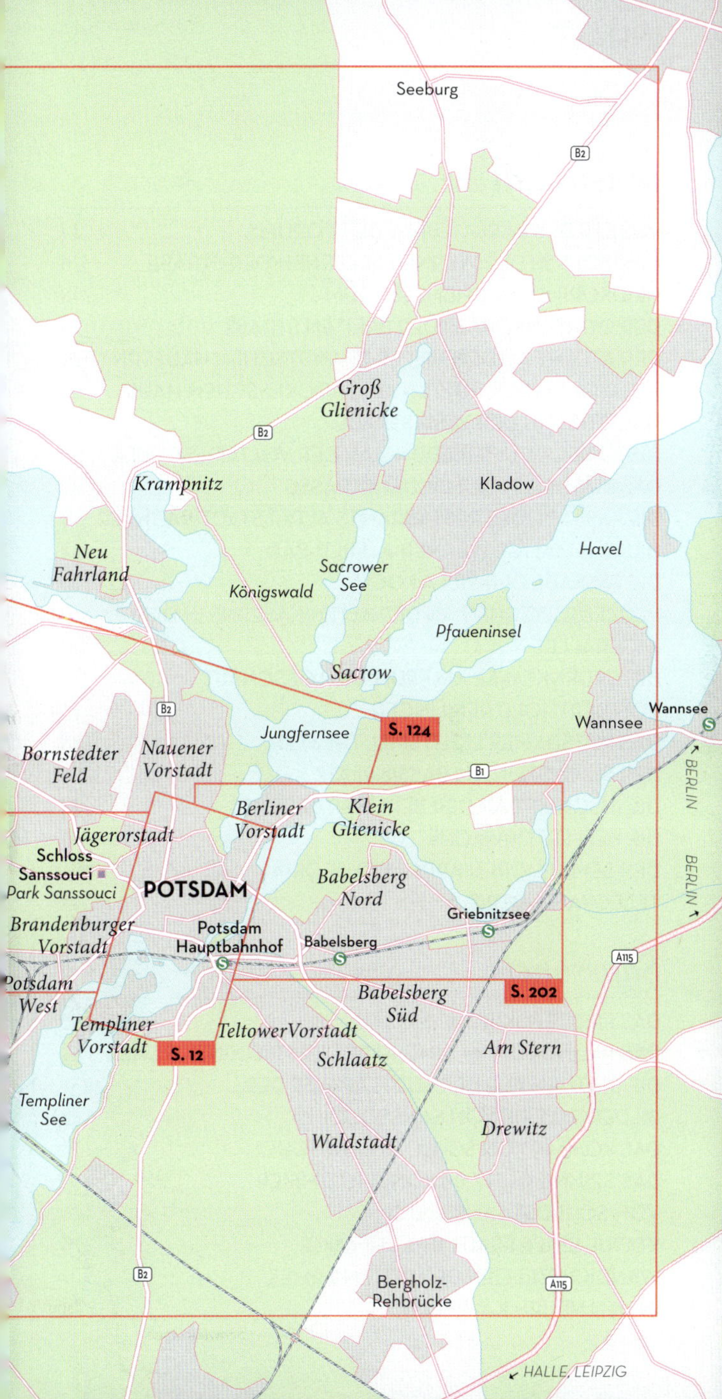

Seeburg
B2
Groß Glienicke
B2
Krampnitz
Kladow
Neu Fahrland
Sacrower See
Königswald
Havel
Pfaueninsel
Sacrow
B2
Jungfernsee
S. 124
Wannsee
Wannsee
Bornstedter Feld
Nauener Vorstadt
B1
BERLIN
Berliner Vorstadt
Klein Glienicke
Jägerorstadt
Schloss Sanssouci
Park Sanssouci
POTSDAM
Babelsberg Nord
BERLIN
Griebnitzsee
Brandenburger Vorstadt
Potsdam Hauptbahnhof
Babelsberg
A115
Potsdam West
Babelsberg Süd
S. 202
Templiner Vorstadt
TeltowerVorstadt
S. 12
Schlaatz
Am Stern
Templiner See
Drewitz
Waldstadt
B2
Bergholz-Rehbrücke
A115
HALLE, LEIPZIG

INHALT

Innenstadt

Sanssouci

Nauener Vorstadt

INHALT

Außerhalb des Zentrums

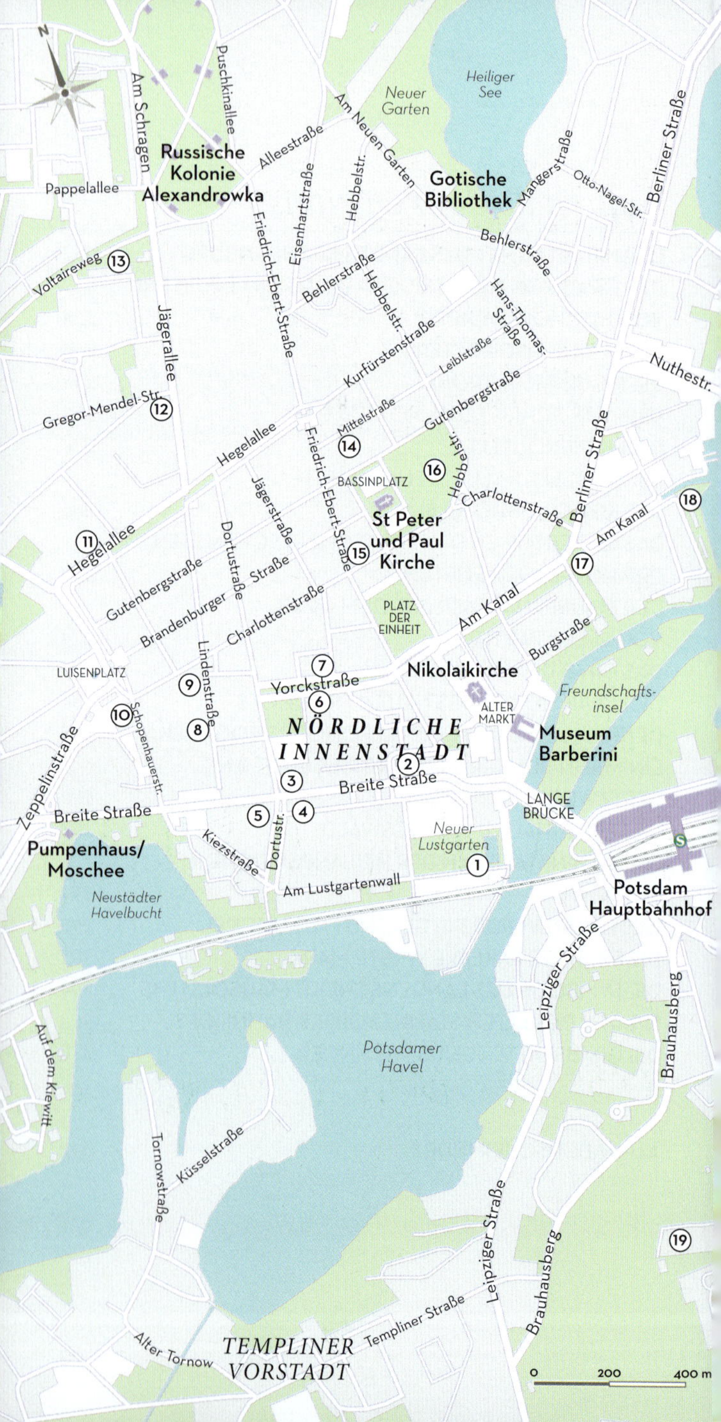

Russische Kolonie Alexandrowka
Gotische Bibliothek
St Peter und Paul Kirche
Nikolaikirche
Museum Barberini
Pumpenhaus/ Moschee
Potsdam Hauptbahnhof
NÖRDLICHE INNENSTADT
TEMPLINER VORSTADT
Neuer Garten
Heiliger See
Freundschafts-insel
Neuer Lustgarten
Neustädter Havelbucht
Potsdamer Havel
BASSINPLATZ
PLATZ DER EINHEIT
LUISENPLATZ
ALTER MARKT
LANGE BRÜCKE
Pappelallee
Am Schragen
Puschkinallee
Alleestraße
Am Neuen Garten
Eisenhartstraße
Hebbelstr.
Mangerstraße
Otto-Nagel-Str.
Berliner Straße
Friedrich-Ebert-Straße
Behlerstraße
Voltaireweg
Jägerallee
Kurfürstenstraße
Hans-Thomas-Straße
Leiblstraße
Nuthestr.
Gregor-Mendel-Str.
Mittelstraße
Gutenbergstraße
Hegelallee
Jägerstraße
Dortustraße
Charlottenstraße
Brandenburger Straße
Am Kanal
Lindenstraße
Burgstraße
Yorckstraße
Schopenhauerstr.
Zeppelinstraße
Breite Straße
Kiezstraße
Dortustr.
Am Lustgartenwall
Leipziger Straße
Brauhausberg
Auf dem Kiewitt
Tornowstraße
Küsselstraße
Templiner Straße
Alter Tornow
1
2
3
4
5
6
7
8
9
10
11
12
13
14
15
16
17
18
19
0
200
400 m

Innenstadt

RELIKTE DES KARL-LIEBKNECHT-FORUMS

①

Zum Umzug verdammtes Zeugnis der DDR-Geschichte

Neuer Lustgarten – Henning-von-Tresckow-Straße 13
Tram 91, 92, 93, 96, 99, Bus 604, 614, 650 (alle von Potsdam Hbf) Henning-von-Tresckow-Straße

Bei einem Spaziergang durch den im Jahr 2001 im Zuge der Bundesgartenschau umgestalteten Neuen Lustgarten stößt man im Süden der Anlage früher oder später auf mehrere mit Mosaiken besetzte Betonwände. Darauf Gesichter – und, auf einer der Wände, folgende Worte: *Spartakus niedergerungen. – Oh gemach! Wir sind da und wir bleiben da. – Leben wird unser Programm! – Karl Liebknecht*

Es handelt sich dabei um die Überreste einer Gedenkstätte zu Ehren von Karl Liebknecht (1871–1919), dem Mitbegründer des Spartakusbundes und der Kommunistischen Partei Deutschlands.

Bei den Wahlen 1912 gewann der renommierte linke und linksrevolutionäre Politiker des Deutschen Kaiserreichs den traditionell deutschkonservativen „Kaiserwahlkreis" Potsdam – Spandau – Osthavelland und zog als Abgeordneter in den Reichstag ein. Während der Niederschlagung des Spartakusaufstands wurde Liebknecht am 15. Januar 1919 von rechtsgerichteten, konterrevolutionären Soldaten erschossen.

Seine Ermordung ließ Liebknecht später zu einem Märtyrer und zum gefeierten Helden der DDR-Geschichtsschreibung werden. Im

© Molgreen

Jahr 1958 beschloss die Stadt Potsdam, auf den Ruinen des Potsdamer Schlosses ein neues Forum zu errichten, das dem lokalen Helden Karl Liebknecht gewidmet werden sollte.

Doch es mangelte an finanziellen Mitteln, sodass die Pläne zunächst in der Schublade verschwanden. Erst Ende der 1970er-Jahre entstand schließlich an der Wilhelm-Külz-Straße (heute Breite Straße) in der Nähe des Ernst-Thälmann-Stadions das geplante Forum. Zu sehen waren Kunstwerke wie eine Skulptur, eine betonierte Pergola, ein Podium, ein großes Wandmosaik und Wände mit Texten des antimilitaristischen, kommunistischen Denkers und Revolutionärs Karl Liebknecht.

In den Jahren 1999 bis 2000 beschloss man, die vom Zahn der Zeit angegriffenen Überreste des einstigen Forums in den Neuen Lustgarten, in die Nähe des Neptunbassins und des *Mercure Hotels*, zu versetzen. Die als Mosaiken gestalteten Bilder stammten von dem Künstler Kurt-Hermann Kühn (1926–1989), der der SED-Ideologie nahestand und auch als inoffizieller Mitarbeiter für die Stasi tätig war.

Die Erben des Spartakus

Neben den Mosaiken am Karl-Liebknecht-Forum haben sich weitere Werke von Kurt-Hermann Kühn in Potsdam erhalten – so auch im Erdgeschoss der Potsdamer Stadt- und Landesbibliothek am Platz der Einheit. Hier finden sich auf einem Wandfresko die marxistisch-leninistische Geschichtsauslegung des Spartakusaufstands, der Deutschen Bauernkriege, der Französischen Revolution, der Märzrevolution von 1848 und der Oktoberrevolution in Russland. Im Zuge der Sanierung des 2013 wiedereröffneten neuen Bildungsforums war der Erhalt dieses Wandfreskos als Zeugnis ideologischer Weltanschauung in einem öffentlichen Gebäude wie der Bibliothek nicht unumstritten.

NEIDKOPF IN DER WERNER-SEELENBINDER-STRAẞE

②

Eine zeitlose Fratze

Werner-Seelenbinder-Straße 3
Bus 695 (von Potsdam Hbf) Naturkundemuseum

Das 1785 im Auftrag eines Mannes Namens Henckel erbaute Bürgerhaus in der Werner-Seelenbinder-Straße 3 zählt zu den ältesten seiner Art in Potsdam. Dem Volksglauben nach hat dieses Haus seine Langlebigkeit dem steinernen Ornament ganz oben auf der Fassade zu verdanken. Es zeigt einen Kopf, der die Zunge herausstreckt und über schützende Eigenschaften verfügen soll.

Das in eine große, stilisierte Muschel eingebettete Gesicht zeigt einen bärtigen Mann, vermutlich einen antiken Meeresgott, und erinnert an Medusa aus der griechischen Mythologie, die häufig mit heraushängender Zunge dargestellt wurde (s. Foto). Als Ungeheuer mit Schlangenhaaren dargestellt soll jeder, der den Blick der Medusa kreuzte, sofort in Stein erstarrt sein. Nachdem es dem Heros Perseus gelungen war, Medusa zu köpfen, übergab er der Kriegsgöttin Athene das Medusenhaupt, die es als besonderen Schutz auf ihren Schild heftete.

In Deutschland fand dieser Mythos in Form sogenannter Neidköpfe (abgeleitet vom Althochdeutschen Nid = Hass, Zorn, Neid) Eingang in die Architektur. Die hässlichen Fratzen an Gebäuden, die Ähnlichkeit mit mittelalterlichen Wasserspeiern an Kathedralen aufweisen, dienen als eine Art Schutz- und Abwehrzauber. Auch der Neidkopf am Haus in der Werner-Seelenbinder-Straße hat die Funktion eines Apotropaions (von altgr. *apotropaios* = abwendend, abwehrend), das die magische Kraft besitzt, böse Mächte zu vertreiben.

Der steinerne Kopf in der Werner-Seelenbinder-Straße diente einer ähnlichen Darstellung als Vorbild. Ein paar Schritte weiter, Ecke Dortustraße/Breite Straße, kann man an der Fassade des Rechenzentrums ebenfalls einen Kopf sehen, der die Zunge herausstreckt (s. S. 18).

Bei den Fratzen am Nauener Tor soll es sich um ein weiteres Beispiel für abschreckende Darstellungen mit Schutzfunktion handeln.

NEIDKOPF AM RECHENZENTRUM ③

Eine alte Tradition im Dienste der modernen Architektur

Rechenzentrum
Dortustraße 46
Bus 695 (von Potsdam Hbf) Naturkundemuseum

Das Rechenzentrum ist ein rechtwinkliger, minimalistischer Bau. Umso stärker fällt angesichts dieser Schlichtheit die einzige Zierde ins Auge: Zwischen dem ersten und zweiten Stock an der Ecke Breite Straße/Dortustraße scheint ein Kopf aus der Fassade zu wachsen, der dem Betrachter die Zunge herausstreckt.

Das im Jahr 2002 eingeweihte Werk der Potsdamer Künstlerin Annette Paul erinnert an die lange Tradition der sogenannten Neidköpfe, verschiedenförmige Fratzen, die besonders in der Baukunst des Mittelalters zum Schutz vor bösen Geistern an Häusern angebracht wurden (s. S. 16).

Den Kopf in der Breiten Straße fertigte die Künstlerin (s. Foto) nach ihrem eigenen Antlitz. Gemeint ist er als ein Fingerzeig in Richtung der Verantwortlichen für den Wiederaufbau der benachbarten Garnisonkirche, in dessen Zuge dem Rechenzentrum bis vor kurzem der Abriss drohte.

Das 1967 im Stil der DDR-Moderne errichtete Gebäude des Rechenzentrums diente ursprünglich der Verwaltung als Datenverarbeitungszentrum. Besondere Erwähnung verdient an dieser Architektur der von Fritz Eisel (1929 – 2010) geschaffene Mosaikzyklus *Der Mensch bezwingt den Kosmos* an drei Sockelseiten des Baus.

Offenbar hat der Neidkopf von Annette Paul seine Aufgabe erfüllt, denn der Abriss des Rechenzentrums wurde abgewendet und seit 2015 wird das Gebäude als Kunst- und Kreativhaus genutzt. Angesichts zunehmender Proteste aus Bevölkerung und Politik, die sowohl auf die künftige Nutzung des Rechenzentrums als auch auf den historischen Wert des (seit 1991 denkmalgeschützten) Mosaiks abzielten, wurde im Januar 2022 ein Kompromiss gefunden: Demnach soll nur der Turm der Garnisonkirche wieder aufgebaut und anstelle des Kirchenschiffs ein modernes Gebäude errichtet werden, das künftig im Verbund mit dem ehemaligen Rechenzentrum genutzt werden könnte.

Annette Paul © Kristina Tschesch, 2020

DER OCHSENKOPF IN DER BREITEN STRAẞE

④

Relikt aus dem Dekor einer Potsdamer Waffenschmiede

Breite Straße 6
Bus 695 (von Potsdam Hbf) Naturkundemuseum

An der Ecke Breite Straße/Dortustraße ragt aus der Fassade eines schlichten, Anfang der 1960er-Jahre errichteten Gebäudes auf Höhe des dritten Stocks ein Ochsenkopf hervor.

Bei diesem ungewöhnlichen Element handelt es sich um das Relikt eines Gebäudes, das bis Ende des Zweiten Weltkriegs an eben diesem Ort stand.

Erbaut im Jahr 1855, beherbergte dieses ursprünglich die Wohnungen des Direktors und des Kommissars der Königlich Preußischen Gewehrfabrik, deren Produktion sich hauptsächlich in Spandau konzentrierte, während die Potsdamer Fabrik an der heutigen Hoffbauerstraße zwischen Henning-von-Tresckowstraße und Am Lustgartenwall mit der Feinbearbeitung und der Qualitätskontrolle befasst war.

Das große Portal des einstigen Hauses zeigte zur Westseite hin auf die heutige Dortustraße und in Richtung Kanal. Oben auf dem von mächtigen Säulen gesäumten Bau thronten zwei römische Götterpaare: Mars und Minerva auf der einen, Venus und Vulcanus auf der anderen Seite.

Zwischen dem zweiten und dritten Stock befand sich ein umlaufender Fries mit paarweise angeordneten Ochsenköpfen. Dieses als Bukranion (s. S. 23) bekannte Dekorationsmotiv, das in der griechischen und römischen Architektur weit verbreitet war, passte perfekt zu dem militärischen Zusammenhang der Gewehrfabrik und den damit verbundenen Soldatenopfern.

Die riesige Fabrikanlage, die im Krieg weitestgehend zerstört wurde, umfasste insbesondere Gebäude aus der Zeit Ende des 18. Jahrhunderts. Heute sind hier das Ministerium für Infrastruktur und Landesplanung des Landes Brandenburg (Henning-von-Tresckow-Straße 2–8) untergebracht.

Mit der Entwicklung hin zur Residenzstadt der Preußischen Herrscher

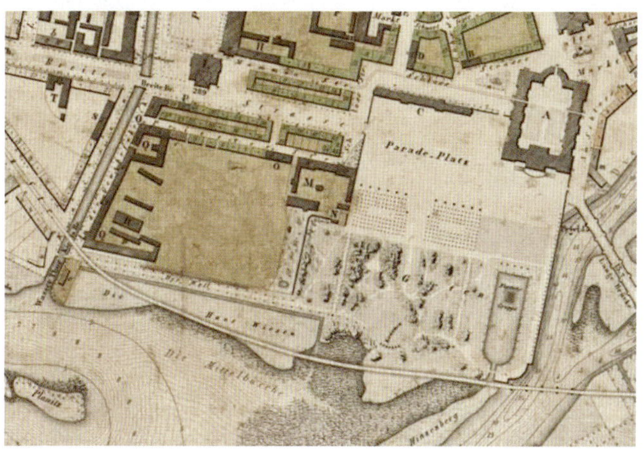

und Garnisonstadt war Potsdam zu einem bedeutenden Zentrum der Industrieproduktion geworden. Die Stadt lieferte jährlich bis zu 18 000 Feuerwaffen sowie unzählige, ebenfalls hier gefertigte Säbel und Degen an Preußen.

Als sich ein neuartiger Zündmechanismus für Feuerwaffen durchsetzte, waren die Anlagen der Gewehrfabrik bald veraltet, sodass die Produktion schließlich 1852 vollständig nach Spandau verlagert wurde.

Was ist ein Bukranion?

Ein Bukranion ist ein Schmuckmotiv, das einen Rinderschädel mit von Girlanden umwundenem Gehörn zeigt. Die häufig im antiken Griechenland und bis in die Renaissance hinein verwendete Darstellung steht als Symbol für die den Göttern dargebrachten Opfer. Das Bukranion am Grabmal der Caecilia Metella in Rom verweist auf das traditionelle Rinderopfer bei Bestattungen, ein Ritual, das auch im Mithraismus, einem vor Aufkommen des Christentums im Römischen Reich weit verbreiteten Kult, zu finden ist (s. Reiseführer *Verborgenes Rom* im selben Verlag).

© Disdero

DER ATLANT AN DEN HILLER-BRANDTSCHEN HÄUSERN

⑤

Eine Warnung an potenzielle Deserteure?

Breite Straße 8, 10 und 12 – Bus 605 (von Potsdam Hbf) Dortustraße

Die Hiller-Brandtschen Häuser in der Potsdamer Breiten Straße 8 bis 12 zieren eine Reihe lebensgroßer Statuen ähnlich jenen, die am Neuen Palais zu finden sind. Dies ist wenig überraschend, denn der Prachtbau wurde ebenfalls in den 1860er-Jahren auf Initiative von König Friedrich II. errichtet. Eine besonders interessante Darstellung findet sich an der Ecke zur Dortustraße. Hebt man dort den Blick, entdeckt man an der Fassade die Skulptur eines stattlichen Mannes, der sich anstrengt, die einzelnen Teile einer zu zerbrechen drohenden Säule zusammenzuhalten. Nun ist die Vorliebe Friedrichs II. für antike Themen bekannt. Erwartungsgemäß stellen also nicht nur die Statuen am Neuen Palais (s. S. 112), sondern auch jene an der Fassade der Hiller-Brandtschen Häuser überwiegend Motive aus der griechischen und römischen Mythologie dar. Im vorliegendem Fall handelt es sich vermutlich um den Titan Atlas, der am Ende der Kämpfe im Zuge der Titanomachie dazu verurteilt wurde, auf ewig das Himmelsgewölbe zu

tragen. In den meisten Beschreibungen liegt die Himmelskugel direkt auf seinen Schultern. Bei Homer hingegen besteht die Aufgabe von Atlas vielmehr darin, die Säulen, auf denen die Welt ruht, zu stützen.

Diese Interpretation erweist sich auch hier als wahrscheinlich, denn die benachbarte Statue zeigt Herakles, wie am Löwenfell und der Keule zu erkennen ist. Dieser bittet bei seinen berühmten zwölf Arbeiten Atlas um Hilfe, der ihm dafür vorübergehend seine Bürde abnimmt. Nachdem Atlas die ihm von Herakles übertragene Aufgabe erfüllt hat, weigert er sich jedoch, seinen alten Platz wieder einzunehmen und gibt vor, Herakles einen weiteren Dienst erweisen zu wollen. Dieser aber wittert eine List, nimmt das Angebot zum Schein an und überlistet Atlas dann seinerseits, indem er ihn überredet, die Last nochmals kurz für ihn zu übernehmen, um sich seinen Umhang über die Schulter legen zu können. Atlas erfüllt ihm die Bitte, woraufhin Herakles sich davonmacht und Atlas seinem Schicksal überlässt.

Doch welche Bedeutung hat die Skulptur auf diesem Gebäude in Potsdam? Sollte sie vielleicht auf subtile Art und Weise potenzielle Deserteure von ihrem Vorhaben abbringen, von denen es in der preußischen Armee Friedrichs II. wie schon unter der Herrschaft seines Vaters etliche gab? Der Gedanke liegt nahe, zumal das Gebäude nicht einfach nur ein Bürgerhaus war (benannt nach zwei wohlhabenden Bürgern, die ursprünglich die vierte Etage bewohnten), sondern später (wie unter Friedrich II. durchaus üblich) auch als Kaserne genutzt wurde.

HULDIGUNG DER PUTTEN AM BROCKESSCHEN HAUS

⑥

Hommage an ein Genie der Glasmacherkunst

Yorckstraße 18–20
Tram 91, 92, 96 (von Potsdam Hbf) Platz der Einheit/West

Die Fassade des Brockesschen Hauses erinnert an einen griechischen Tempel. Über dem Giebeldreieck thronen vier Putten, je zwei auf jeder Seite.

Eine von ihnen, auf der rechten Seite, verweist auf eine Passage in einem großen Buch. Dabei soll es sich um ein Exemplar des Handbuchs *Ars Vitraria Experimentalis, oder Vollkommene Glasmacher-Kunst* des deutschen Alchimisten und Glasmachers Johann Kunckel (1630–1703) handeln.

Das palastartige Äußere des Brockesschen Hauses trügt indes, denn hinter der eleganten neoklassischen Fassade befanden sich einst die Werkstätten des wohlhabenden Glasschleifers Johann Christoph Brockes, der den Hof des preußischen Königs Friedrich II. mit Kronleuchtern und Lüstern belieferte. Mit den Putten an dem Gebäude in der Yorckstraße (damals Am Kanal) erwies Brockes seinem namhaften Vorgänger Johann Kunckel die Ehre.

Unter Leitung von Kunckel verhalfen die beiden direkt von Friedrich-Wilhelm von Brandenburg finanzierten Glashütten um Potsdam (Drewitz und Neuendorf) der preußischen Glasindustrie zu Wettbewerbsreife und Perfektion. Stabilität, Transparenz und Ornamentik der preußischen Produkte waren von hoher Qualität und konnten auf dem Markt neben Glas aus Böhmen, Schlesien und Sachsen bestehen.

Derartige Produkte waren hervorragend für den Export geeignet und eine wahre Goldgrube für den Großen Kurfürsten, der Kunckel auf der Pfaueninsel (seinerzeit Kaninchenwerder) unterbrachte, damit dieser dort ungestört – und vor allem unbemerkt – seiner Arbeit nachgehen konnte. Der Legende nach soll sich der von vielen als „Hexer von der Insel“ verschriene Kunckel dort der Magie und der Transmutation der Metalle gewidmet haben.

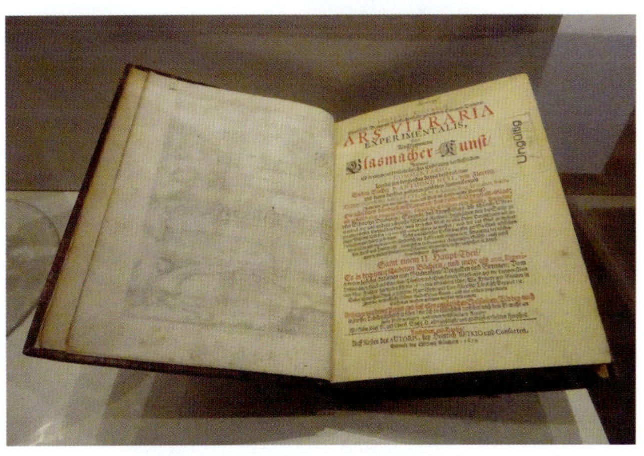

HALSTUCH IN DER YORKSTRAẞE ⑦

Ein sozialistisches Symbol an einem barocken Gebäude

Yorckstraße 13
Tram 91, 92, 96 (alle von Potsdam Hbf) Platz der Einheit West

Wer aufmerksam am Haus mit der Nummer 13 in der mondänen Potsdamer Yorckstraße vorübergeht, erkennt möglicherweise über dem Eingang die Büste eines Mädchens, das ein Halstuch der Jungpioniere der DDR-Zeit trägt. Ein sozialistisches DDR-Symbol

an einer typischen Rokokofassade? Anders als man vielleicht erwarten könnte, handelt es sich dabei um nicht mehr und nicht weniger als den Beweis dafür, dass in der DDR nicht ausschließlich Plattenbauten errichtet, sondern zum Teil auch Altbauten saniert und wieder aufgebaut wurden (s. unten).

Das blaue Halstuch mit dem charakteristischen Knoten war das Symbol der politischen Jugendorganisation der DDR, der Pionierorganisation von Ernst Thälmann.

Offiziell waren die Teilnahme an den Jungpionieren freiwillig. De facto jedoch erwies sie sich für Kinder und Jugendliche, die sich ihre Zukunft nicht verbauen wollten, als unumgänglich, denn die Organisation war integraler Bestandteil des staatlichen Systems, um die Bevölkerung (und insbesondere Kinder ab 6 Jahren) im Sinne der Ideologie der Sozialistischen Einheitspartei Deutschlands zu indoktrinieren.

Eines der zehn Gebote der Jungpioniere lautete: „Wir Jungpioniere tragen mit Stolz unser blaues Halstuch".

IN DER UMGEBUNG

Die Friedenstaube in der Charlottenstraße 33

Ein weiteres Beispiel einer nahezu identischen Gebäudesanierung bzw. eines vom Rokoko-Stil inspirierten Wiederaufbaus findet sich ein Stück weiter in der Charlottenstraße 33. Über dem Eingang ist eine Darstellung barocker Engel zu sehen, die um ein Medaillon herum angeordnet sind, in dessen Zentrum eine Friedenstaube mit Olivenzweig im Schnabel zu sehen ist. Ein pazifistisches Symbol, das seinen Weg beispielsweise auf Briefmarken auch in die Ikonographie der DDR gefunden hatte.

Der Wiederaufbau barocker Gebäude in der DDR

Wenn es etwas gibt, was Besucherinnen und -besucher von Potsdam vermutlich nicht direkt mit der DDR in Verbindung bringen, dann sind es die Barockbauten. Vor allem in den 1950er-Jahren gab es in Potsdam jedoch einige größere Sanierungsprojekte, in denen der Bruch mit dem „alten" Potsdam noch nicht spürbar wurde. Während man die historische Bausubstanz in Teilgebieten – vor allem in der Altstadt östlich des Alten Marktes – rücksichtslos sprengte und plattwalzte, wurden einige Häuserblöcke der barocken Stadterweiterungen, beispielsweise zwischen Dortu- und Friedrich-Ebert-Straße sowie in der prachtvollen Wilhelm-Staab-Straße, aufwändig saniert, was dieser den ironischen Beinamen „Erste Barockstraße der DDR" einbrachte.

HISTORISCHE UMFRIEDUNG AN DER VOLTAIRESCHULE ⑧

Die Mauer mit Gitter der Kaserne in der Berliner Straße

Lindenstraße 32–33
Bus 695 (von Potsdam Hbf) Naturkundemuseum

Rund um die in typisch ostdeutscher Architektur der 1970er-Jahre erbaute Voltaireschule zieht sich eine alte Mauer mit schmiedeeisernem Gitter, die sich deutlich vom Rest der Bebauung abhebt.

Die Ende der 1970er-Jahre hierher versetzte Umfriedung gehörte ursprünglich zur Kaserne in der Berliner Straße, die zum Großteil 1975 bzw. 1981 der neu erbauten Nuthe-Schnellstraße und der Humboldtbrücke weichen musste.

Die Eröffnung der Berliner Kaserne unter Beteiligung des Architekten Karl Friedrich Schinkel (1781–1841) markierte um 1840 einen Wendepunkt in der Organisationsstruktur des Potsdamer Lebens. Bis zu diesem Zeitpunkt waren die meisten Soldaten der Garnisonsstadt bei Bewohnern einquartiert. Mit der neuen Husaren-Kaserne, einem kolossalen Bau von 136 Metern Fassadenlänge, wurde erstmals ein

komplettes Regiment an einem Ort untergebracht – der Beginn einer Reform, die später zur Kasernierung der gesamten Armee führen sollte.

Die Einrichtung, in der 600 Soldaten oft gemeinsam mit ihren Familien wohnten, kam einer Stadt innerhalb der Stadt gleich. Neben den Räumen in der Berliner Straße 27 (damals Neue Königstraße 6) umfasste die Kaserne zahlreiche Dienstgebäude, von denen einige heute Teil des Komplexes in der Schiffbauergasse sind.

Da die hier untergebrachten Husaren ein leichtes Kavallerieregiment waren, umfasste die Anlage entlang der Nuthestraße (Schiffbauergasse 4B und 4I) Stallungen mit Hunderten von Pferden.

Ursprünglich befand sich ein Pendant dieser Stallungen auf der Südseite der Nuthestraße. Dazwischen lag ein weitläufiger Innenhof, der von den Husaren als Exerzierplatz genutzt wurde.

Auf der Seite der Berliner Straße war die gemeinhin als Reittheater bezeichnete Fläche durch die Umfriedungsmauer begrenzt, von der ein Teilstück heute an der Voltaireschule in der Lindenstraße zu sehen ist. Am Originalstandort befindet sich zwischen der Kaserne in der Berliner Straße 27 und dem Eingang zu den früheren Stallungen an der Berliner Straße (Schiffbauergasse 4B) noch immer ein altes Portal zur Kaserne.

Aufmerksamen Beobachtern fällt an der Kreuzung Berliner Straße/Humboldtbrücke die verglaste Fassade des Kunstraums auf der Nordseite der Nuthestraße ins Auge, die beinahe identisch mit jener des Gebäudes auf der gegenüberliegenden Südseite ist. Diese beiden ursprünglich unverglasten Öffnungen waren früher durch lange Stallungen miteinander verbunden, die den offenen Reitplatz der Kaserne in zwei Abschnitte teilten.

DAS KLISTIER IN DER LINDENSTRAßE

(9)

Eine große Spritze zum Zwecke der Darmreinigung

Lindenstraße 25
Tram 91 (von Potsdam Hbf) Dortustraße

Das Gebäude in der Lindenstraße 25 zieren zwei Statuenpaare, rechts und links über dem Haupteingang, denen kaum ein Passant besondere Aufmerksamkeit schenkt.

Sie zeigen in sehr realistischer Darstellung Ärzte bei der Ausübung ihres Berufs. Rechts wirft ein abgemagerter Patient dem mit einem Arztkittel bekleideten Mann, der ihm eine Arznei reicht, ängstliche Blicke zu.

Der Patient auf der linken Seite scheint den Arzt regelrecht anzuflehen, ihm die Behandlung zu ersparen, die dieser sich vorzunehmen anschickt – mit einer großen Spritze, einem Klistier, das früher zum Zwecke der analen Darmreinigung zum Einsatz kam.

Die Figuren bildeten das Erkennungszeichen des 1772 an diesem Ort eröffneten Militärhospitals und dürften auf die bemitleidenswerten

Soldaten, die hier eingewiesen wurden, nicht sonderlich erbaulich gewirkt haben.

Waren die Figuren vielleicht gar als Abschreckung gedacht, keine Krankheit vorzutäuschen? In jedem Fall verdeutlichen sie, wie wenig sich die preußische Medizin trotz der von den wechselnden Herrschern bereitgestellten Mittel bis dato weiterentwickelt hatte. Frei nach dem Motto „was reinigt, erleichtert", begnügten sich die Ärzte im 18. Jahrhundert meist damit, die bereits 100 Jahre zuvor in Molières Theaterstück *Der eingebildete Kranke* (1673) verordnete Behandlung der Darmreinigung anzuwenden. Einst hatte sich der französische König Ludwig XIV., der nahezu 200 Jahre lang in ganz Europa als Vorbild galt, mehr als 2000 Mal dieser Prozedur unterzogen.

Trotz bedeutender theoretischer Erkenntnisse vor allem auf dem Gebiet der Anatomie, war die Medizin im 18. Jahrhundert häufig noch nicht in der Lage, Menschen tatsächlich zu heilen. Jedes zweite Kind starb vor seinem sechsten Geburtstag. In preußischen Krankenhäusern lag die Sterblichkeit bei rund 30 Prozent. Betroffen waren vor allem Soldaten, die 40 Prozent der Betten belegten.

Erst im 19. Jahrhundert begann die Medizin, nennenswerte Fortschritte zu verzeichnen.

DIE FASSADE DES RESTAURANTS ALTER STADTWÄCHTER

Ein letztes Relikt der alten Stadtmauer

Schopenhauerstraße 33
Bus 605, 606, 614, 631, 695, Tram 91 (alle von Potsdam Hbf) Luisenplatz-Süd/ Park Sanssouci

In der Schopenhauerstraße 33 befindet sich das Restaurant Alter Stadtwächter. Vier große, bogenförmige Nischen sind in die Fassade des Lokals eingearbeitet, die von drei massiven Pfeilern gestützt werden. Sie stellen eines der letzten Zeugnisse der alten Stadtbefestigung aus der ersten Hälfte des 18. Jahrhunderts dar. Das Gebäude wurde rund 100 Jahre später direkt an die Mauer angebaut, vermutlich, um Baumaterial zu sparen.

Anders als auf der Gedenktafel an der Vorderseite des Restaurants zu lesen (sowie einer weiteren im Inneren), war dieses Segment nicht etwas Teil der ersten Stadtmauer von 1722 (die nicht bis zur Schopenhauerstraße reichte), sondern der zweiten Mauer, die im Zuge der Stadterweiterung von Potsdam zwischen 1733 und 1737 errichtet wurde.

Trotz seines Namens fungierte das Gebäude des heutigen Restaurants Alter Stadtwächter niemals als Wachposten oder Zollstelle eines der Stadttore Potsdams, denn ein solches gab es entgegen mancher Behauptung an der Ecke Schopenhauerstraße/Charlottenstraße zu keiner Zeit.

Das Gebäude in der Schopenhauerstraße 33 wurde vielmehr 1806 unter napoleonischer Besatzung als Futterspeicher für die Pferde der französischen Kavallerie erbaut. Später nutzte man es auf unterschiedliche Weise, stets jedoch in Verbindung mit Pferden (hierauf weisen verschiedene Dekorationselemente im Inneren hin, wenngleich deren Authentizität nicht bestätigt ist) – als Kutschenremise, Hufschmiede des Kavallerieregiments der Ulanen, die ab 1836 am Luisenplatz 9 stationiert waren, oder als Stall für die Postpferde.

Weitere Informationen zu den Potsdamer Stadtmauern, zu deren Geschichte und Verlauf sowie zu anderen noch existierenden Teilstücken, siehe Seite 36.

Die Potsdamer Stadtmauern: Geschichte, Verlauf und Zeugnisse

Zu Beginn des 18. Jahrhunderts markierte lediglich ein Graben, dessen Verlauf in etwa jenem des alten Kanals (s. S. 54) entsprach, die Grenzen der damals kaum einen Quadratkilometer großen Stadt. Doch 1713 erlangte der Soldatenkönig Friedrich-Wilhelm I. die Macht und plante, Potsdam zu einer bedeutenden Garnisonsstadt auszubauen. Dieser Entschluss zeitigte zwei wesentliche Konsequenzen: Zunächst einmal brauchte Potsdam Platz, um Unterbringungsmöglichkeiten für Tausende von Soldaten zu schaffen und musste daher über die Grenzen des Stadtgrabens hinaus erweitert werden. Zudem mussten Mauern errichtet werden, um das Desertieren einzudämmen, denn die Tatsache, dass durchschnittlich 1000 Soldaten pro Jahr dem Militärdienst entflohen, der ihnen eiserne Disziplin abverlangte, stellte ein ernstzunehmendes Problem dar. Dem neu errichteten Wall brachte dies den Beinamen Desertationsmauer ein. Die neue Stadtbefestigung ermöglichte es nunmehr auch, die 1860 eingeführte Einfuhrsteuer auf Lebensmittel direkt an den Toren der Stadt einzuziehen.

Ein 160 Meter langes Teilstück dieser ersten, zwischen 1713 und 1722 errichteten und in den Jahren 2004/05 sanierten Mauer blieb am Havelufer in der Großen Fischerstraße erhalten.

Gleich neben dem ersten Mauerrest steht an der Türkstraße ein weniger gut erkennbares, unsaniertes Stück der Mauer. Von dort aus querte die Mauer das Gelände des heutigen Klinikums Ernst

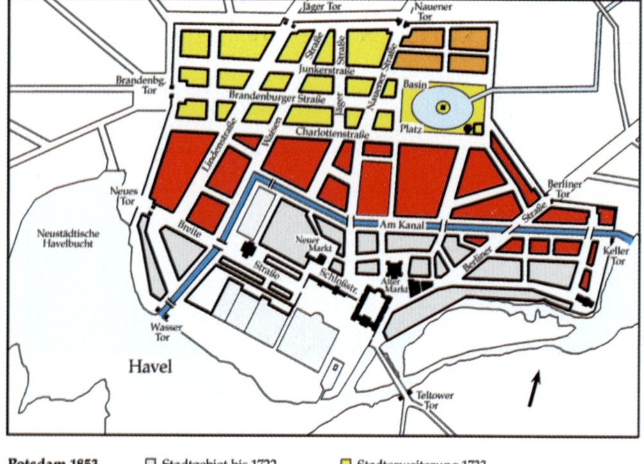

Potsdam 1853 Stadtgebiet bis 1722 · Stadterweiterung 1722 · Stadterweiterung 1733 · Stadterweiterung 1734-1742

von Bergmann bis zur Hebbelstraße, folgte dieser dann in Richtung Südosten und bog nach Westen in die Charlottenstraße ein. Von dort aus führte sie in gerader Linie bis zur Ecke Lindenstraße, wandte sich nach Süden, schließlich wieder nach Westen in die Breite Straße und erreichte dann auf Höhe der Schopenhauerstraße (damals Neustädter Communication) die Havel.
Am Fluss, wo das Risiko der Fahnenflucht geringer war, ersetzte ein einfacher Holzzaun die Mauer, deren Existenz sich an dem früheren Verlauf bis heute in den Straßennamen wiederfindet (Wall am Kiez, Am Lustgartenwall). Vom Lustgarten aus führte der Wall über die Lange Brücke, am Ufer der Freundschaftsinsel entlang bis hin zu der massiveren Steinmauer an der Großen Fischerstraße.
Zwischen 1733 und 1737 erweiterte man die Stadt aus denselben Gründen ein weiteres Mal nach Norden und, in etwas geringerem Ausmaß, nach Westen. Vom heutigen Klinikum Ernst von Bergmann aus verlängerte sich so die Mauer in der Hebbelstraße nicht nach Südwesten bis zur Charlottenstraße, sondern nach Norden. Dort führte sie nach Westen in die Kurfürstenstraße und die Hegelallee, bog dann nach Süden in die Schopenhauerstraße ab und erreichte schließlich wieder den Wall am Kiez auf Höhe Breite Straße. Die entlang der beiden letztgenannten Straßen angelegte Promenade folgt dem Verlauf der Mauer zum Zeitpunkt dieser Zweiten Erweiterung, deren einziges Zeugnis die Fassade des Alten Stadtwächters ist (diese stammt folglich nicht wie auf der Gedenktafel angegeben aus dem Jahr 1722, sondern aus den 1730er-Jahren).

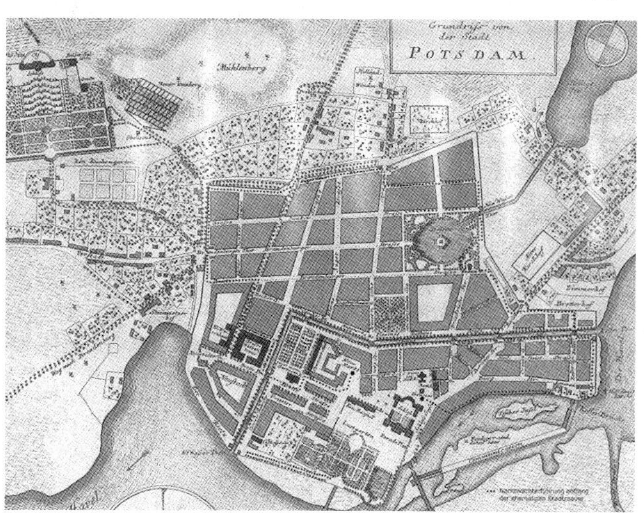

DAS EHEMALIGE WERNER-ALFRED-BAD

(11)

Ein altes Schwimmbad an unerwarteter Stelle

Hegelallee, 23
Bus 695, Tram 91 (alle von Potsdam Hbf) Luisenpark Nord/Park Sanssouci

Den Haupteingang zur Hegelallee 23 ziert ein Relief, das keinen Zweifel zulässt: Motive mit Wasserbezug und mythologische

Darstellungen ranken sich um das Haupt eines bärtigen Mannes mit geöffnetem Mund, der an die Wasserspeier eines Schlossparks erinnert.

Das Relief ist eine klare Anspielung auf das Werner-Alfred-Bad. Direkt dahinter liegt die von dem Architekten Paul Baumgarten erbaute öffentliche Schwimmanstalt.

Der Weg führt rechts um das Gebäude herum, vorbei an dem Biomarkt, durch dessen Eingang man einen Blick auf das gut erhaltene Oval des ehemaligen, 216 Quadratmeter großen Schwimmbeckens mit seinen schönen, wassergrünen Fliesenwänden und der Inschrift „Nur Speirinne benutzen“ erhaschen kann.

Die Kolonnaden rechts des Hauses mit der Nummer 23 sind die Überreste eines 1915 errichteten Erfrischungspavillons für Besucher, der seit 2009 unter Denkmalschutz steht.

Das Werner-Alfred-Bad wurde am 14. Dezember 1913 als Volksbadeanstalt eröffnet und bis zur Eröffnung der Schwimmhalle am Brauhausberg in den 1970er-Jahren auch für Schwimmkurse der umliegenden Schulen genutzt. 1992 wurde das Schwimmbad geschlossen und blieb in der Folge lange ungenutzt. Seit 2005 sind in den Räumlichkeiten des einstigen Bades ein Gesundheitszentrum und ein Bio-Supermarkt untergebracht.

Aus der Vogelperspektive (z. B. über Google Maps) ist die ovale Form der alten Schwimmhalle gut zu erkennen.

Werner Alfred Pietschker

Die Geschichte der Potsdamer Luftfahrt begann im Jahr 1909 auf dem Manöverfeld von Bornstedt mit einem Paukenschlag – dem Besuch samt Flugdemonstration des legendären Flugpioniers Orville Wright, einer der Brüder Wright. Damals war Werner Alfred Pietschker, der Namensgeber der Badeanstalt, Student der Luftfahrttechnik an der Technischen Hochschule Charlottenburg. Der junge Mann war fasziniert von der neuen Technologie und nahm an mehreren regionalen Flugveranstaltungen teil. Im Jahr 1911 stellte er schließlich auf der Johannisthaler Herbstflugwoche einen Rekord in den Kategorien Flughöhe und -dauer auf. Doch schon einige Wochen später verunglückte Pietschker tragischerweise bei der Erprobung des von ihm entwickelten Eindeckers. Seine Mutter Käthe Pietschker, eine Tochter des Industriemagnaten Werner von Siemens, stiftete der Stadt die Badeanstalt in Erinnerung an ihren verstorbenen Sohn Werner Alfred.

DIE FASSADE DER VILLA KOCH

⑫

Eine bauliche Ehrerbietung

Jägerallee 28–29 und Weinbergstraße 41–43
Bus 695 (von Potsdam Hbf) Jägertor/Justizzentrum

Der wohl erstaunlichste der zahlreichen Beiträge des Stuckateurs Friedrich Wilhelm Koch (1815–1889) in Potsdam ist und bleibt wohl die Fassade der Villa Koch an der Ecke Jägerallee/Weinbergstraße, wo einst auch die Koch'sche Fabrik für Stuckelemente ihren Sitz hatte.

Auf der Fassade zur Jägerallee ist unter den Fenstern im ersten Stock das Konterfei von Otto von Bismarck zu erkennen, Kopf des Krieges

von 1870, in dem der Sohn von Friedrich Wilhelm Koch auf dem Feld der Ehre sein Leben ließ.

Oberhalb des Balkonfensters findet sich verborgen in den Reliefs eine kuriose Hommage an den jungen Friedrich Wilhelm Koch – ein Haupt mit Helm, darüber eine Taube (Symbol der Liebe und der Auferstehung), daneben Kanonenläufe, aus denen herzförmige Geschosse fliegen. Darüber ist ein Bienenstock abgebildet, zu dessen Linken und Rechten folgendes Motto steht: „Ihrem Fleisse. Die Zukunft". In anderen Worten: Die Zukunft, die sie mit Ihrem Fleiß erbaut haben, erweist ihnen nun die Ehre.

Dieses Motto, hier veranschaulicht durch die Bienen, die sich unermüdlich gemeinsam für das große Ganze einsetzen – den Erhalt

und den Erfolg des Volkes –, ist als implizierter Verweis auf die Männer zu verstehen, die sich im Kampf für den Schutz und das Wohlergehen ihres Landes geopfert haben.

Vielleicht ist die Bienenbeute als typisches Symbol der Freimaurer auch ein Hinweis auf eine Mitgliedschaft Friedrich Wilhelm Kochs in diesem Bund? Neben dem Motto deuten darauf Hammer und Kompass als traditionelle Zunftzeichen der Maurer und Steinmetze hin.

Zu Ehren von Friedrich-Wilhelm IV., der Koch wegen seiner Kunst sehr bewunderte und ihn während seiner Herrschaft (1840–1861) regelmäßig nach Sanssouci berief, schuf der berühmte Stuckateur über dem Prachtbalkon in der Weinbergstraße ein wahres Denkmal für den Herrscher: Friedrich-Wilhelm wird stehend und nahezu lebensgroß dargestellt, flankiert von weiblichen Figuren, von denen eine ein

kreuzförmiges Schwert hält und die andere gekrönt ist. Die Krone als christliches Symbol steht an dieser Stelle für den Lohn, den der Himmel für jene bereithält, die in ihrem Leben in Selbstlosigkeit (symbolisiert durch das Kreuz) dem Beispiel Jesu gefolgt sind.

Möglicherweise symbolisieren die drei Kanonen neben den Bismarckköpfen unterhalb der Fenster auf der Fassade zur Jägerallee die drei Einigungskriege (wobei die „Einigung" sich in den herzförmigen Geschossen widerspiegelt). Diese von Bismarck zwischen 1864 und 1871 gegen Dänemark, Österreich und Frankreich geführten Kriege führten zur politischen Einheit Deutschlands unter preußischer Führung.

VERKEHRSZEICHEN AN DER ALTEN KASERNE IN DER JÄGERALLEE (13)

Verborgene Relikte aus der sowjetischen Besatzungszeit

Jägerallee 23
Tram 92, 96 (beide von Potsdam Hbf) Rathaus, Bus 692, 695 (beide von Potsdam Hbf) Reiterweg/Jägerallee

Folgt man dem Voltaireweg nördlich der alten Kaserne in der Jägerallee bis zum Haus mit der Nummer 9, entdeckt man auf der anderen Straßenseite an der Einfahrt zu einem Parkplatz des Gebäudekomplexes eine Ziegelmauer, auf deren Innenseite vier Serien gemalter Verkehrszeichen zu sehen sind.

Mehrere Wörter, die dort zu lesen sind, weisen grobe Rechtschreibfehler auf (*Lönge* statt *Länge*, *RESERVIRT* statt *RESERVIERT*), da der Urheber der Zeichnungen wohl kein Deutscher, sondern Russe war. Die Bilder und Hinweise sind ein Relikt aus der Zeit, als die Sowjetarmee den Gebäudekomplex in der Jägerallee besetzt hielt.

Rund 350.000 bis 600.000 sowjetische Soldaten waren im Kalten Krieg in Ostdeutschland stationiert. Sie machten zwischen 2 und 3,5 Prozent der Gesamtbevölkerung aus, was einer Militärpräsenz von etwa dem Dreifachen des im Westen stationierten Militärs entsprach – die rund 200.000 sowjetischen Zivilangehörigen, die Hälfte davon Kinder, nicht mit eingerechnet.

Viele von ihnen waren rund um West-Berlin stationiert. Allein Potsdam beherbergte im Norden der Stadt zwischen Krampnitz und Dallgow-Döberitz bis zu 37.000 Soldaten.

In der Jägerallee 23 waren Soldaten, eine Mittelschule, ein Einkaufszentrum, ein Militärgefängnis sowie eine Lkw-Flotte untergebracht, deren Fahrer zwar nicht direkt der ostdeutschen Gerichtsbarkeit unterstanden, aber dennoch – und hier kommen die gemalten Straßenschilder ins Spiel – mit den gängigen Verkehrszeichen und -vorschriften des Landes vertraut sein mussten.

Der zwischen 1861 und 1879 errichtete Gebäudekomplex wurde ursprünglich vom 3. Garde-Ulanen-Kavallerieregiment genutzt, das fünf Eskadronen mit jeweils ungefähr 150 Pferden umfasste. Bei den meisten Gebäuden hinter dem Hauptflügel handelte es sich um Stallungen, was unschwer an den Pferdeköpfen, die an den Außenfassaden des Südflügels prangen, und an den Metallringen an den Mauern im Westhof zu erkennen ist, an denen die Pferde festgemacht werden konnten. Mit dem Ersten Weltkrieg, in dem rund 15 Millionen Pferde zu Tode kamen (1,5 Millionen allein auf deutscher Seite), und mit der Mechanisierung des Krieges verlor die Kavallerie an Bedeutung und wurde nahezu vollständig aufgelöst. Dies führte auch zu einer Neuausrichtung der Kaserne in der Jägerallee.

DIE GEDENKTAFEL AM FRÜHEREN GESCHÄFT VON BERTHOLD REMLINGER

14

Wo der berühmte Hauptmann von Köpenick seine Uniform kaufte

Holländisches Viertel
Mittelstraße 3
Tram 92, 96 (beide von Potsdam Hbf) Nauener Tor

In der Mittelstraße 3 im Holländischen Viertel erinnert am Eingang des Geschäfts auf der rechten Seite eine (erst hundert Jahre nach dem Ereignis angebrachte) unscheinbare Tafel daran, dass Berthold Remlinger

hier am 8. Oktober 1906 in seiner Altuniformhandlung Besuch von einem gewissen Wilhelm Voigt erhielt – dem späteren Hauptmann von Köpenick.

Die legendär gewordene Episode ist wohl einer der gewagtesten und außergewöhnlichsten Gaunerstreiche der modernen Geschichte: Mit einzigartiger Unverfrorenheit „rekrutierte" in Potsdam ein älterer Schuster von 1,68 Metern Größe und mit bleichem Gesicht von der Straße weg 10 oder 11 Soldaten, fuhr mit ihnen im Zug einmal quer durch Berlin nach Friedrichshagen und marschierte von dort aus zu Fuß acht Kilometer zum Rathaus der damals noch unabhängigen Stadt Köpenick. Dort angekommen, ließ er „im Namen seiner Majestät des Kaisers" den Bürgermeister verhaften und schickte den Chef der örtlichen Polizei nach Hause, um ein Bad zu nehmen. Nach „Beschlagnahmung" der Stadtkasse (mit einem Barbestand von über 3500 Mark – umgerechnet rund 25 000 Euro) kehrte er in aller Seelenruhe nach Berlin zurück, wo er zehn Tage später verhaftet wurde. All das in einer Uniform, die er wenige Stunden zuvor bei Berthold Remlinger in Potsdam erstanden hatte.

Der Schuster Wilhelm Voigt war ein ziemlich durchtriebener Kerl. Doch dass alle nach seiner Pfeife tanzten, hatte er seiner perfekt sitzenden Uniform zu verdanken.

Diese Uniform, es handelte sich um den Interimsrock eines Hauptmanns des 1. Garderegiments zu Fuß, hatte Remlinger nicht zufällig ausgewählt. Nur etwa einen Kilometer von Remlingers Geschäft in der Kaserne in der Priesterstraße (heute Henning-von-Tresckow-Straße), direkt gegenüber der Garnisonskirche und unweit vom Schloss, war das Leibregiment des Königs von Preußen stationiert.

Der König von Preußen, ab 1871 auch deutscher Kaiser, war zugleich Regimentschef, Chef des I. Bataillons und Chef der 1. Kompanie dieses Regiments. Das 1. Garderegiment zu Fuß hatte daher den höchsten Rang innerhalb der Armee. Bis auf Wilhelm II., der die Uniformen mehrerer Regimenter trug, waren seit der Besetzung Westpreußens durch Napoleon im Jahr 1806 alle preußischen Könige und die meisten Prinzen von Preußen exklusiv mit der Uniform des 1. Garde-Regiments zu Fuß ausstaffiert. Vor diesem Hintergrund werden die durch den „Hauptmann" reflexartig hervorgerufene Unterwürfigkeit sowie die Annahme, er sei legitimiert, im Namen des Kaisers zu handeln, nachvollziehbar.

Wilhelm Vogt, der Hauptmann von Koepenick.

DAS POTSDAMER LICHTSPIEL-THEATER

(15)

Erinnerungen an das älteste Kino in Deutschland

Friedrich-Ebert-Straße, 12
Bus 604 oder Tram 92, 96 (alle von Potsdam Hbf) Potsdam Rathaus

Der Eingang zur Friedrich-Ebert-Straße 12 unterscheidet sich von denen der umliegenden Gebäude. Das hat historische Gründe, denn diese Tür ist ein Relikt des ältesten deutschen Lichtspielhauses.

Beim Blick durch die verglaste Eingangstür sieht man weitere Überbleibsel des einstigen Lichtspiel-Theaters, das später das Filmcafé Melodie war: die alte Kasse mit dem Hinweis „Heute" und rechts darüber der Schriftzug „Kasse".

Die aktuell hier ansässige Pizzeria Melody erweist dem Haus mit seiner bewegten Geschichte ebenfalls die Ehre – durch ihren Namen, aber auch mittels der großen Abbildung des historischen Kinosaals, die eine komplette Wand im hinteren Gastraum einnimmt, sowie zahlreicher großformatiger Filmplakate, die der Inhaber aufgehängt hat.

Ab 1909 gab es zwei Kinos in Potsdam: das Parade-Kino-Theater im Stadtzentrum und das Biophon-Theater in Babelsberg. Der Film, *die Siebte Kunst*, begeisterte die Stadtbevölkerung, sodass man bereits 1912 in Potsdam neun und in Babelsberg fünf Lichtspielhäuser zählte (wenngleich es sich bei einigen davon nicht um Kinos im eigentlichen Sinn handelte, sondern schlicht um umfunktionierte Räume von Gasthöfen oder Tanzlokalen).

Bereits 1912 entstand im Hinterhof des heute denkmalgeschützten Gebäudes an der Friedrich-Ebert-Straße im Auftrag des Apothekers August Fähndrich ein Lichtspiel-Theater mit 242 Plätzen. Es galt lange Zeit als das älteste Kino Deutschlands, das von Anfang an als Vorführsaal geplant war.

Im Jahr 1918 kaufte der Wilmersdorfer Architekt und Unternehmer Fritz Saar (1877–1956) das Kino und benannte es in Anbetracht dessen, dass die Könige von Preußen Potsdam zu ihrer Sommerresidenz auserkoren hatten, in Residenz-Lichtspiele um. Einige Jahre später übernahm Saar zwei weitere Kinos: 1924 die Obelisk-Lichtspiele in der Schopenhauerstraße 27 und 1929 das Alhambra (die ehemaligen Lichtspiele Heinerici in der Französischen Straße 7/8). Insgesamt 13 Lichtspielhäuser betrieb Saar bis 1945 in Potsdam und Berlin.

Nach dem Zweiten Weltkrieg wurde das Kino in der Friedrich-Ebert-Straße 1949, im Gründungsjahr der DDR, unter dem neuen Namen Melodie-Lichtspiele (oft als Kino Melodie oder schlicht Melodie bezeichnet) wiedereröffnet. Bis zur Wiedervereinigung war das Melodie einer der zentralen Treffpunkte für Potsdamer Filmliebhaber. Auf dem Programm standen vor allem Filmproduktionen der Deutsche Film AG, kurz DEFA. Neben der Tatsache, dass es lange das älteste, noch zu Beginn des 21. Jahrhunderts betriebene Kino Deutschlands war, unterscheidet sich das Melodie auch durch seinen Vorführsaal von anderen Lichtspielhäusern, in dem die Zuschauerreihen nicht wie heute üblich zur Leinwand hin nach unten abfallen, sondern nach oben führen. Nach der Wiedervereinigung und Eröffnung des großen UCI-Kinos am Bahnhof, wurde das Melodie im Jahr 2004 angesichts rückläufiger Besucherzahlen geschlossen. Seither gilt das 1918 eröffnete Thalia-Theater in Babelsberg als das älteste noch betriebene Potsdamer Kino.

Hunderte von Objekten aus dem Inventar des Melodie kamen 2015 bei einer Versteigerung unter den Hammer.

DER SUMMSTEIN AM BASSINPLATZ ⑯

Wenn der Körper mit dem Stein in Resonanz tritt

Bassinplatz
Tram 92, 96 (beide von Potsdam Hbf) Brandenburger Straße

Ganz im Nordwesten des Bassinplatzes befindet sich, in der Nähe der an das Holländische Viertel angrenzenden Gutenbergstraße, ein großer, etwas über drei Meter hoher Monolith aus Naturstein.

Im Vorbeigehen könnte man ihn schlicht für einen Stein halten, der aus rein ästhetischen Gründen aufgestellt wurde. Bei genauerer Betrachtung fallen jedoch zwei kreisrunde, glatt polierte Öffnungen ins Auge – eine auf Kopfhöhe eines Kindes, die andere auf Kopfhöhe eines Erwachsenen. Es handelt sich hierbei eben nicht um reine Dekoration, sondern, wie die neben dem Stein angebrachte Tafel erklärt, um einen „Summstein".

Steckt man nämlich den Kopf in eine der beiden Öffnungen und atmet langsam summend in verschiedenen Tonlagen aus, findet man, so die Erklärung auf dem Schild, seinen eigenen Ton. Man erkennt diesen an einer stärkeren Resonanz und an der empfundenen Vibration, die den Körper von oben bis unten durchdringt.

Dieses akustische Phänomen, das wahrscheinlich schon in geschichtlicher Frühzeit bekannt war, entsteht durch einfache und unveränderliche Vorrichtungen, die bereits in der Antike (zum Beispiel in den Katakomben von Malta) existierten und vor allem zu therapeutischen Zwecken eingesetzt wurden.

Bei dem 1994 aufgestellten Summstein vom Bassinplatz handelt es sich um einen sechs bis sieben Tonnen schweren Basaltblock. Er war ursprünglich Teil einer ganzen Reihe von Vorrichtungen für Kinder, von denen heute jedoch außer dem Stein keine mehr vorhanden ist.

DIE INSCHRIFT AN DER BERLINER BRÜCKE

(17)

Ein seltenes Relikt der alten Potsdamer Kanalbrücken

Ecke Burgstraße/Am Kanal
Tram 93, 94, 99 (alle von Potsdam Hbf) Burgstraße/Klinikum

An der Ecke Burgstraße/Am Kanal liegt eine kleine, mit Bäumen und Büschen bewachsene Grünfläche, durch die ein schmaler Weg führt. Auf den ersten Blick nichts Besonderes, doch der Pfad stößt nach einigen Metern auf ein rund zehn Meter langes Mäuerchen. Darauf zu lesen ist die Inschrift „Berliner Brücke“.

Es handelt sich hier um eines der wenigen noch vorhandenen Relikte der zahlreichen Brücken, die einst über den Potsdamer Stadtkanal führten. Das Mäuerchen war vermutlich einer der Pfeiler der einstigen Berliner Brücke.

Lange Zeit endete die von Nordosten kommende Berliner Straße nicht wie heute an der Charlottenstraße, sondern führte entlang der Straße Am Kanal auf der anderen Kanalseite geradeaus weiter bis zum Blücherplatz (heute Versailler Platz). Die beiden Abschnitte der Berliner Straße waren durch eine Brücke miteinander verbunden.

In der Folge gab es an dieser Stelle mehrere „Berliner Brücken" ganz unterschiedlicher Bauart. Die bekannteste dieser Brücken, eine Eisenbrücke, ist häufig auf alten Fotografien zu sehen und wurde Anfang des 19. Jahrhunderts gebaut. 1927 entstand an ihrer Stelle eine Stahlbetonbrücke, deren Überreste noch heute zu sehen sind.

Kleine Geschichte des Potsdamer Stadtkanals

Im Bereich rund um den heutigen Platz der Einheit befand sich im 17. Jahrhundert ein See, der Nikolaussee. Zu jener Zeit war das Gebiet von Potsdam auf einen Streifen von rund einem Kilometer Breite nördlich der Freundschaftsinsel begrenzt und umfasste nicht mehr als 200 Häuser. Im Jahr 1660 sicherte sich Kurfürst Friedrich-Wilhelm von Brandenburg die Souveränität über das Herzogtum Preußen und bestimmte Potsdam nach Berlin zu seiner zweiten Residenz. Für die Stadt begann nun eine Zeit des Aufschwungs und der Expansion, wozu auch, um den Plänen des Großen Kurfürsten gerecht zu werden, die Trockenlegung des Nikolaussees vonnöten war. Auf Höhe der heutigen Straßen Am Kanal, Yorckstraße und Dortustraße wurden darauf Gräben zwischen See und Havel ausgehoben, in die man den Nikolaussee ableitete. Was vom Wasser des Nikolaussees übrig blieb, ging als „Fauler See" in die Geschichte ein.

Potsdam wurde damit zu einer Insel – doch nicht für lange. Ab 1722 ließ der Soldatenkönig Friedrich Wilhelm I. die Stadt über die durch den Graben vorgegebenen Grenzen hinaus erweitern, die Gräben verbreitern, vertiefen und nach holländischem Vorbild mit Eichenholz befestigen, um den See vollständig auszutrocknen. Durch hölzerne Zugbrücken erhielt der Kurfürst mit dieser Baumaßnahme gleich auf einen Schlag auch eine Wasserstraße, die den Transport von Baumaterialien in die neu entwickelten Quartiere bedeutend erleichterte. Der Stadtkanal war geboren.

Zwischen 1764 und 1786 verlieh schließlich Friedrich der Große,

Bundesarchiv. Bild 170-160 © Baur, Max 1928/1944 ca.

der Potsdam zur Hauptstadt der Aufklärung machen wollte, dem Kanal sein endgültiges Antlitz. Er ließ die Eichenholzbefestigung durch Mauerwerk ersetzen, ein stählernes Geländer anbringen und mehrere Steinbrücken errichten.

Angesichts des üblen Gestanks und der Ratten, die das seit jeher in den Kanal eingeleitete Schmutzwasser anlockte, wurde der Kanal Anfang der 1960er-Jahre von den ostdeutschen Behörden auf der Suche nach einer schnellen Lösung kurzerhand zugeschüttet.

Nach dem Fall der Mauer wurden vermehrt Stimmen laut, die an die vergangenen goldenen Zeiten des 18. und 19. Jahrhunderts anknüpfen wollten und forderten, der Altstadt einen Teil ihrer Geschichte und den Charme der Vorkriegszeit zurückzugeben. Im Jahr 2001 wurde ein rund 300 Meter langer Abschnitt des Kanals nahe der Yorckstraße eingeweiht, der zu besonderen Anlässen wie dem einmal jährlich veranstalteten Kanusprint geflutet wird. Zehn Jahre darauf wurde ein zweiter, rund 200 Meter langer Abschnitt entlang der Straße Am Kanal (auf Höhe des alten Kellertors, s. S. 56) aufgrund seiner direkten Einmündung in die Havel dauerhaft mit Wasser gefüllt.

Seit 2015 sammelt eine Crowdfunding-Kampagne die nötigen Mittel für den Ausbau dieses Abschnitts um weitere 170 Meter bis zur Ecke Berliner Straße. Bis es so weit ist, lässt sich der Verlauf des früheren, 1,4 Kilometer langen Kanals gut anhand der Parkplätze entlang der Straßen Am Kanal, Yorckstraße und Dortustraße erkennen, die in diesem Bereich außergewöhnlich raumgreifend angelegt zu sein scheinen.

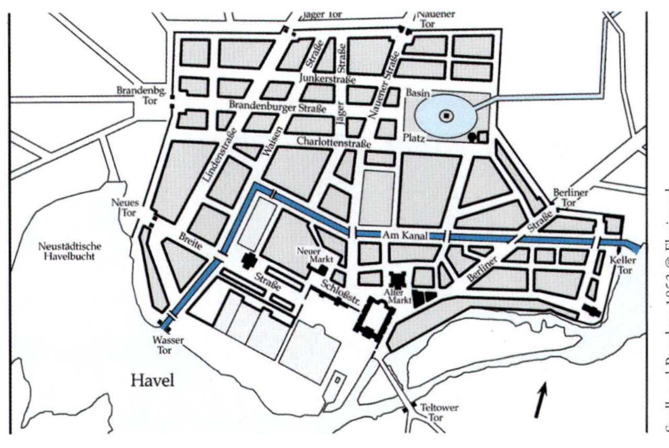

Stadkanal Potsdam 1853 © Florianmk

DIE KELLERTORWACHE

Eine Nachbildung des Musikpavillons von Louveciennes

Am Kanal 74
Tram 93, 94, 99 Burgstraße/Klinikum

Bei dem großen Gebäude an der Ecke Große Fischerstraße/Am Kanal handelt es sich um eine nahezu identische Nachbildung des Zollhauses am Kellertor, das im 18. Jahrhundert einen von mehreren in die Stadtmauer eingelassenen Zugängen zur Stadt markierte.

1788 auf Anweisung von Friedrich II. erbaut, griff der Entwurf bis auf wenige Details das Äußere des Musikpavillons von Madame du Barry in Louveciennes (bei Paris) auf, der einige Jahre zuvor von dem französischen Architekten Claude-Nicolas Ledoux errichtet worden war und Ludwig XV. als Treffpunkt für Besuche bei seiner berühmten Mätresse diente.

In ihrer Gesamtform ähneln sich beide Gebäude frappierend. Worin sie sich indes unterscheiden, ist die Anzahl der Säulen: Die beiden Seitenfenster sind von zusätzlichen Säulen eingerahmt, zusätzlich wurde die erste und vierte Säule der Vorhalle doppelt ausgeführt; von vorn sind so acht statt nur vier Säulen sichtbar.

Die Nähe zum Entwurf von Claude-Nicolas Ledoux ist zweifellos kein Zufall: Ihm verdankte das Paris jener Zeit seine neuen, kaum ein Jahr zuvor errichteten Zoll-/Wachhäuser, darunter auch die Rotonde de

la Villette, die Rotonde Monceau, die Colonnes de Vincennes und die Pavillons der Barrière d'Enfer, von denen noch heute mehrere Überreste zu sehen sind. (Diese oft kopierten Werke von Ledoux dienten ebenfalls Potsdamer Bauten, wie der Orangerie im Neuen Garten, als Vorbild.)

Das Potsdam des 18. Jahrhunderts wurde auch über den Wasserweg mit Waren versorgt. Das nach seinem Standort an der Kellerstraße (der heutigen Heilig-Geist-Straße) benannte Kellertor markierte den Kontrollpunkt dieser Wasserstraße; an der „Kellertorwache" wurde die Akzise, der Zoll, für diese Waren bezahlt.

In dieser Nutzung hat auch die lange Kaimauer neben dem früheren Zollamt ihren Ursprung; es handelt sich dabei um einen Teil des ursprünglich nach Westen verlaufenden Kanals, der dann auf Höhe der Dortustraße nach Süden abbog. Der Kanal wurde 1960 aufgeschüttet. Seit den 1990er-Jahren setzt sich eine Bürgerinitiative für seine erneute Nutzbarmachung ein.

In den letzten Schlachten des Zweiten Weltkriegs wurde das Zollamt am Kellertor stark beschädigt. Was davon übrig blieb, wurde ab 1963 in alle Winde zerstreut. Der 2017 abgeschlossene Wiederaufbau erfolgte auf Initiative des Historikers Willo Göpel. Als Mitbegründer der Initiative zur Wiederherstellung des Potsdamer Stadtkanals ließ Göpel seine Motivation in einer Widmung in lateinischer Sprache am Architrav des Eingangsportals anbringen: „AMOENITATI URBIS" („DER SCHÖNHEIT DER STADT").

DER SEMAPHOREN-APPARAT AUF DEM TELEGRAFENBERG

(19)

Hommage an die optische Telegrafie der 1830er-Jahre

Telegrafenberg (auf dem Hügel, neben dem Kleinen Refraktor)
Wissenschaftspark Albert-Einstein
Bus 691 (von Potsdam Hbf) Telegrafenberg

Ganz in der Nähe des Kleinen Refraktors im Wissenschaftspark Albert-Einstein erhebt sich ein mächtiger Pfeiler mit sechs – mittels am Sockel befestigten Kurbeln beweglichen – Armen in den Himmel, der selbst unter Einheimischen kaum bekannt ist. Eine Tafel erläutert, dass es sich um eine Kopie des preußischen optischen Telegrafen handelt, dem ersten deutschen Telekommunikationssystem, dem der Telegrafenberg auch seinen Namen verdankt.

Nach Ende der Napoleonischen Kriege wurde Europa 1815 auf dem Wiener Kongress neu geordnet. Als eine der großen Siegermächte annektierte Preußen mit dem Rheinland und dem Ruhrgebiet ein riesiges Territorium, von dem es geografisch jedoch abgeschnitten war. Zentrum der militärischen Besatzung durch das Königreich Preußen war die Festung Koblenz, von der aus Preußen, ganz in der Nähe des Standortes der früheren kurtrierischen Festung Ehrenbreitstein, über seine neue westliche Provinz herrschte. Doch die mit französischen Ideen vertraute lokale Bevölkerung erwies sich als widerspenstig und forderte eine Verfassung. Im Jahr 1830 braute sich in der Rheinprovinz eine Revolution zusammen. Die angespannte Situation verlangte nach einer verbesserten Kommunikation zwischen Berlin und Koblenz. So kam es, dass Preußen ein optisches Telegrafensystem nach Vorbild einer ab 1794 durch den französischen Ingenieur Claude

Chappe (1763–1805) entwickelten Innovation einrichtete.

Mit 62 Stationen auf einer Strecke von 588 Kilometern – also etwa alle 10 Kilometer eine Station – war es das längste System seiner Art in Europa. Jede Station umfasste (wie auf dem Telegrafenberg) einen Schaltpunkt mit einem sechsarmigen Signalmast (Semaphor), über den 4096 verschiedene Signale dargestellt werden konnten. Die mit Teleskopen ausgestatteten Telegrafisten gaben die von den benachbarten Signalmasten übermittelten Signale, in der Regel Wörter, zum Teil (bei Eigennamen) aber auch Buchstaben, weiter. Mit Ausnahme bestimmter technischer Vorgänge wie der Synchronisierung der Linie mit der Berliner Uhrzeit wurde der Telegraf ausschließlich für Staatsangelegenheiten genutzt. Die Mitteilungen waren aus diesem Grund nach einem heute verloren gegangenen Code verschlüsselt. Das Chiffrieren und Dechiffrieren der Depeschen erfolgte an den beiden Endstationen (um die internationale Kommunikation zu erleichtern, wurde 1836 in Köln eine dritte Versandabteilung eingerichtet).

Mit einer durchschnittlichen Geschwindigkeit von einem Signal alle zehn Minuten – sofern dem nicht Schlechtwetter oder der Einbruch der Nacht einen Strich durch die Rechnung machten – verfügte die Telegrafie über einen klaren Vorteil gegenüber herkömmlichen Kuriersendungen. Im Jahr 1849 löste schließlich die elektromagnetische Telegrafie das System ab. Lediglich auf der Linie Köln – Koblenz wurde noch bis 1852 optisch telegrafiert.

Neben diesem optischen Telegrafen findet sich in Potsdam, genauer gesagt im Ortsteil Sacrow, mit einer Hommage an die erste drahtlose Antennenanlage eine weitere Spur aus der Frühzeit der modernen Kommunikation (s. S. 294).

N
Katharinenholz
Schloß Lindstedt
Amundsenstraße
20
Eichen
Belvedere
Drachenhaus
14
Maulbeer
Kaiser-Friedrich-Straße
Kaiser-Friedrich-Straße
Am Neuen Palais
17
19
Neues Palais
16
15
Lindenallee
Lindenallee
Universität Potsdam
Werderscher Damm
Werderscher Damm
Am Neuen Palais
Potsdam Park Sanssouci
14
21
Wildpark
Forststraße
21
0
500
1 000 m

Sanssouci

Normannischer Turm
Pappelallee
Russische Kolonie Alexandrowka
Puschkinallee
Bornstedter See
Bornstedt Straße
Ruinenberg
JÄGERVORSTADT
Jägerallee
Voltaireweg
Orangerieschloss
Schloss Sanssouci
G.-Mendel-Straße
Maulbeerallee
Schopenhauerstr.
Kurfürstenstraße
Historische Mühle
Bildergalerie
Hegelallee
Friedrich-Ebert-Straße
Park Sanssouci
Friedenskirche
St Peter und Paul Kirche
Marlygarten
Gutenbergstraße
Chinesisches Haus
LUISENPLATZ
Bad
Charlottenstraße
Lennéstraße
Lennéstraße
Feuerbachstr.
Zeppelinstraße
Breite Straße
Nikolaikirche
Meistersingerstr.
Pumpenhaus/ Moschee
NÖRDLICHE INNENSTADT
BRANDENBURGER VORSTADT
Neustädter Havelbucht
Museum Barberini
Am Lustgartenwall
Potsdam Charlottenhof
Kastanienallee
Zeppelinstraße
Potsdam Hauptbahnhof
Potsdamer Havel
Tornowstr.
Küsselstr.

DAS FRIEDENSKIRCHE-MOSAIK ①

Die verschlungenen Wege eines byzantinischen Mosaiks aus Venedig

Friedenskirche – Am Grünen Gitter 3
Montag bis Samstag von 11–17 Uhr, Sonntag von 12–17 Uhr (Messfeier 10.30 Uhr)
Bus 695 (von Potsdam Hbf) Luisenplatz-Nord/Park Sanssouci

In der Friedenskirche, unweit des östlichen Eingangs zum Park Sanssouci, ziert ein großformatiges Mosaik die rund 60 Quadratmeter große Fläche der Apsiskuppel. Das schöne Werk aus dem 13. Jahrhundert stammt aus der Kirche San Cipriano auf der venezianischen Insel Murano.

Das Mosaikbild zeigt Jesus unter einer Taube als Symbol für den Heiligen Geist, auf der rechten Seite flankiert von Petrus und der Gottesmutter Maria, auf der linken Seite von Johannes dem Täufer und dem heiligen Cyprian (Bischof von Karthago, der unter Kaiser Valerian im Jahr 258 n. Chr. enthauptet wurde).

Zu Beginn des 13. Jahrhunderts heuerte Venedig als oberste Seemacht im Mittelmeerraum im großen Stil Schiffe für den vierten Kreuzzug an mit dem Ziel, das unter muslimischer Herrschaft stehende Jerusalem zurückzuerobern. Die Notwendigkeit, die dadurch aufgelaufenen Schulden abzuzahlen, mündete im Jahr 1204 in der Einnahme und Plünderung des christlichen Konstantinopels und der Aufteilung des Byzantinischen Reichs. Venedig eroberte damals einen beträchtlichen Teil der Schätze Konstantinopels und profitierte von seinem künstlerischen Einfluss, was den eindeutig byzantinischen Stil der meisten Mosaiken in Venedig, insbesondere in San Marco, erklärt. Als im Jahr 1835 der Abriss der venezianischen Kirche San Cipriano beschlossen wurde, erwarb der preußische Kronprinz und künftige König Friedrich Wilhelm IV., der eine große Faszination für das von ihm mit der byzantinischen Tradition verbundene frühe Christentum hegte, das Apsismosaik der Kirche.

Die wenige Jahre nach seiner Thronbesteigung zwischen 1845 und 1850 errichtete Friedenskirche mit ihrer eigens für das Mosaik geplanten Apsis zeugt von dieser Begeisterung.

DAS PALINDROM IM INNENHOF DER FRIEDENSKIRCHE

②

Eine diskrete Hommage an die Hagia Sophia

Friedenskirche – Am Grünen Gitter 3
Tram 91, 88 (beide von Potsdam Hbf) Luisenplatz-Süd/Park Sanssouci

Im Innenhof der Friedenskirche, die im Osten von Park Sanssouci liegt, befindet sich an den Rändern des Brunnenbeckens die griechische Inschrift: ΝΙΨΟΝ ΑΝΟΜΗΜΑΤΑ ΜΗ ΜΟΝΑΝ ΟΨΙΝ (*Nipson anomemata me monan opsin.* – „Wasche deine Sünden, nicht nur dein Gesicht"). Hierbei handelt sich um ein sogenanntes Palindrom, also einen Text, der vorwärts wie rückwärts gelesen identisch ist.

Diese Worte, die heute an zahlreichen Taufbecken und Brunnen christlicher Kultstätten auf der ganzen Welt zu finden sind, sollen ursprünglich auf einem Brunnenbecken im Atrium der byzantinischen Sophienkirche von Konstantinopel (heute Istanbul) zu lesen gewesen sein.

Als Friedrich Wilhelm IV. 1845 bis 1848 die Friedenskirche mit

dem Wunsch erbauen ließ, zu einem von mehr Authentizität geleiteten Christentum zurückzufinden, begannen die byzantinische Kunst und Architektur in Mode zu kommen. Insbesondere Friedrich Wilhelms jüngerer Bruder Carl von Preußen (s. S. 215) verfiel dem neuen Geschmack.

Die vergessene christliche Symbolik des Palindroms

Aus christlicher Sicht besitzen Palindrome, vor allem solche in griechischer Schrift, große symbolische Bedeutung. Dies ist zurückzuführen auf den Glauben, wonach Jesus Alpha und Omega ist und sich Anfang und Ende in ihm vereinen.

Die vier Flüsse des Garten Eden

Der Brunnen im Hof der Friedenskirche ist mit vier Wasserspeiern ausgestattet, aus denen sich ein Strahl in vier kleine Becken ergießt. Jeder dieser Wasserspeier steht für einen der vier Flüsse, die in der Schöpfungsgeschichte den Garten Eden bewässern: Pischon, Gihon, Tigris und Euphrat. Die Namen der Flüsse sind über den Rohren an den vier Seiten des Sockels zu lesen.

DIE STATUEN AUF DER SÜDTERRASSE DER BILDERGALERIE VON SANSSOUCI

③

Vergessene Symbole des künstlerischen Schaffens

Park Sanssouci
Zur Historischen Mühle 1
Bus 695 (von Potsdam Hbf) Luisenplatz-Nord/Park Sanssouci
Park: täglich ab 8 Uhr bis Einbruch der Dunkelheit geöffnet

Im Park Sanssouci liegt östlich des Schlosses die Bildergalerie. Sie wurde ebenso wie das Schloss unter der Herrschaft Friedrichs II. als Standort für die persönliche Sammlung des großen Kunstliebhabers erbaut. Ein Teil der Bildergalerie kann im Außenbereich auf der Terrasse des Gebäudes besichtigt werden. Hier sind entlang der Südfassade 18 Statuen aufgereiht, die man näher ansehen sollte.

Die Figuren sind das Werk der Bildhauer Johann Gottlieb Heymüller, Johann Peter Benckert, Giuseppe Girola und Felice Cocci und stellen die verschiedenen für das künstlerische Schaffen erforderlichen Lehren, Disziplinen und Fähigkeiten als Allegorien dar. Von links nach rechts sind dies:

1. Die Philosophie, die auf einem Bücherstapel steht und durch die Eule symbolisiert wird (Attribut der griechischen Göttin der Weisheit Athene)
2. Die Dichtung, verkörpert durch einen Schwan (Anspielung auf den Schwanengesang, mit dem das letzte Werk eines Dichters bezeichnet wird), der ein Buch hält, in das auf Latein geschrieben steht: *Debellat superbos, silet Musa* („Während er die Hochmütigen vertreibt, schweigen die Musen").
3. Die Bildhauerei mit ihren Werkzeugen Hammer (in der rechten Hand) und Meißel.
4. Die Malerei mit Palette und Pinsel sowie einem Gemälde, auf dem die Geschichte der Nymphe Arethusa dargestellt ist, von der der römische Dichter Ovid in seinen *Metamorphosen* erzählt.
5. Die Geografie, die mit einem Zirkel die Ausmaße des Erdballs misst.
6. Die Optik, die einen langen Spiegel hält, der das Abbild eines auf einem Blatt Papier am Fuße des Sockels gezeichneten Pferdes widerspiegelt (nicht erkennbar, da man nicht nah genug an die Statue herantreten kann).
7. Die Astronomie mit Teleskop, die sich auf das Himmelsgewölbe stützt.
8. Die Allegorie des Lernens, die sich beim Studium klassischer Werke präsentiert, versehen mit einem Blatt, auf dem (nicht sichtbar) zwei Künstler dargestellt sind, die die *Venus Medici* (Uffizien, Florenz) zeichnen.
9. Die Architektur mit einem Dokument, auf dem ein Plan der

Bildergalerie von Sanssouci zu sehen ist, und zu ihren Füßen unter anderem Zirkel, Winkelmaß und Zange.

10. Die Perspektive, die ursprünglich einen Spiegel in der Hand hielt, und zu deren Füßen Bücher, Zirkel, Winkelmaß, Lineal und Senkblei liegen.

11. Die Nachahmung (der Methode eines Meisters), symbolisiert durch den Affen an ihrer Seite (Anspielung auf die Fähigkeit des Affen, beobachtetes Verhalten zu imitieren), der ursprünglich eine Maske und einen Pinsel bei sich trug.

12. Die Fantasie (Spontaneität des Schaffens) mit einem Federhut als Ausdruck der Leichtigkeit sowie Blasebalg und Sporn (in der linken Hand) als Symbol für die machtvolle Fähigkeit, die Neugier des Publikums anzufachen bzw. anzustacheln.

13. Die Urteilsfähigkeit, in der Hand ein Buch mit dem Titel *Verum et Falsum* (*Wahr und Falsch*) und zu ihren Füßen eine Schlange als Symbol für Täuschung und Betrug.

14. Die Harmonie, welche die fünfsaitige Lyra der Schüler Apollons spielt.

15. Die Porträtkunst, die ein Bildnis Friedrichs II. in Händen hält.

16. Die Geometrie mit einem Turban auf dem Haupt (als Verweis auf den babylonischen Ursprung der Mathematik) und einem Zirkel.

17. Die Klugheit als Meisterin aller künstlerischen Tugenden mit ihrer Fähigkeit, in allen Dingen das wahrhaft Gute zu erkennen. Zum Zeichen des Lohns für den Sieg ist sie mit Lorbeer bekränzt. Als ein Synonym der praktischen Weisheit wird sie mit der Sonne dargestellt. Sie hält mit ihrer linken Hand – den Fuß auf eine Schildkröte gesetzt (Symbol des langsamen, vorsichtigen Vorangehens derer, die sich die Zeit nehmen, eine Situation genau zu betrachten) – eine Schlange in Schach. Dies soll ihrem Vermögen Ausdruck verleihen, sich nicht vom Schein des Guten verführen zu lassen. Traditionell führt sie eine als *contrario distinguet* bezeichnete Geste aus, die auf ihre Fähigkeit verweist, genau zwischen den Dingen zu differenzieren.

18. Der Gartenbau als die Kunst, die Natur wiederherzustellen und zu veredeln, wird durch die Stütze, die den Baum in eine gerade Wuchsform zwingt, symbolisiert.

Weiterführende Informationen: *Die Schönste der Welt – Eine Wiederbegegnung mit der Bildergalerie Friedrichs des Großen*. Stiftung Preußische Schlösser, Deutscher Kunstverlag, Berlin/München, 2013, S. 18–25.

DAS KOMMA VON SCHLOSS SANSSOUCI

④

Ein Statement für die Gewissensfreiheit?

Schloss Sanssouci – Maulbeerallee
Tram 91, 94 (vom Potsdam Hbf) Luisenplatz-Süd/Park Sanssouci

An der Südfassade seiner Sommerresidenz ließ Friedrich II. weithin sichtbar die berühmte Maxime „SANS, SOUCI." anbringen, die angesichts ihrer ungewöhnlichen Interpunktion seit zweieinhalb Jahrhunderten Fragen aufwirft. Eine Annahme besagt, die Satzzeichen

müssten hier mitgelesen werden: „Sans virgule souci point" – „Ohne Komma keine Sorge" (*ne … point* = verstärkte Verneinung). Doch das Komma (*virgule*), ohne das es diese Probleme gar nicht gäbe, bleibt ein Rätsel und hat zu den unterschiedlichsten Erklärungsversuchen geführt. Manche halten das Komma für einen Hinweis auf den calvinistischen Vater, unter dessen harter Hand der junge Friedrich streng und autoritär erzogen wurde. In dem Fall wäre die Phrase wie folgt zu deuten: „ohne Vater (bzw. ohne Calvinismus) keine Sorge".

Das Komma stünde dabei für den Vater, dessen Abwesenheit Friedrich von allen Sorgen befreit. Wieder andere sahen in dem Komma eine Anspielung auf das kraftlose Glied des als impotent geltenden Friedrich, der damit habe zum Ausdruck bringen wollen, dass ihm seine erzwungene

Keuschheit viel Ärger ersparte. Letztlich, das dürfte aus den vorgenannten Ausführungen deutlich werden, stochern alle im Dunkeln. Denn es ist fraglich, ob der „Große" Friedrich tatsächlich seine intimsten Wahrheiten derart in die Welt hinausposaunt hätte. Wagen wir einen anderen Ansatz: Was, wenn das fragliche Komma gar nicht auf etwas anderes verwiese? Wenn es sich schlicht und einfach um ein Komma handelte? Bekanntlich sah sich Friedrich als Philosoph im Geist der französischen Aufklärung; mit seinem Freund Voltaire führte er rege Korrespondenz – über die Jahre schrieben sie sich rund 800 Briefe. Es steht also außer Frage, dass er mit Voltaires Thesen vertraut war und insbesondere dessen Werk *Das Zeitalter Ludwigs XIV.* kannte, das Voltaire 1751 im Rahmen eines Aufenthalts in Potsdam geschrieben hatte, bei dem er häufig zu Gast am Hof Friedrichs II. gewesen war (s. S. 96). In Kapitel 37 dieses Werks beschreibt Voltaire die Haltung, die er gegenüber religiösen Fragen für angemessen erachtet. Zu Beginn der zweiten Hälfte des 16. Jahrhunderts, so berichtet er, soll in der Nähe der Stadt Löwen in Flandern ein gewisser Michael Bajus ketzerisch anmutende Meinungen vertreten haben. Die im

Hinblick auf seine Verurteilung geforderte Bulle wurde von Papst Sixtus V. verfasst. Voltaire schreibt dazu: „Die Doktoren zu Löwen waren in großer Verlegenheit, als sie die Bulle empfingen; es war darin insbesondere ein Satz vorhanden, in dem ein Komma, je nachdem es an die eine oder die andere Stelle gesetzt wurde, einige Ansichten des Michel Bajus entweder verdammte oder aber duldete.

Die Universität schickte nach Rom, um vom Heiligen Vater zu erfahren, wo das Komma zu setzen sei. Der römische Hof, der andere Geschäfte hatte, schickte den braven Flamen statt einer Antwort ein neues Exemplar der Bulle zu, in dem sich überhaupt kein Komma befand." Dies könnte endlich Licht in das Rätsel um die Maxime von Sanssouci bringen: Anliegen des Deisten Friedrich II. wäre es demnach gewesen, die durch die sterilen Streitigkeiten von Theologen hervorgerufene Ungemach und Gewalt zu verurteilen. Mit anderen Worten: Die ungewöhnliche Interpunktion wäre hier als Statement für die Gewissensfreiheit zu verstehen, die das Prinzip der Trennung von Kirche und Staat vorwegnimmt.

DAS SPINNENNETZ IM KONZERTZIMMER VON SCHLOSS SANSSOUCI

⑤

Ausdruck geduldiger Arbeit, nicht eines hochmütigen Genies

Schloss Sanssouci – Maulbeerallee
Sommer (April bis Oktober): Dienstag bis Sonntag 9–17:30 Uhr
Winter (November bis März): Dienstag bis Sonntag 10–16:30 Uhr
Reservierung empfohlen: spsg.de/schloesser-gaerten/objekt/schloss-sanssouci
Bus 695 (von Potsdam Hbf) Schloss Sanssouci

Im Konzertzimmer von Schloss Sanssouci zieren oberhalb des Kronleuchters – dort, wo üblicherweise eine Rosette zu finden wäre – zarte Goldfäden die Decke, die in ihrer Anordnung an ein Spinnennetz erinnern.

In Form eines außergewöhnlichen Trompe-l'œil scheint es mit den Goldelementen an den Wänden und der Decke verbunden zu sein, ganz so, als hinge das gesamte Zimmer daran.

Der große Musikliebhaber Friedrich II. war selbst ein sehr guter Querflötist und komponierte nicht weniger als 125 Konzerte, von denen einige bis heute zur Aufführung kommen. Ein Genie? Das Spinnennetz verweist eher darauf, dass die in diesem Zimmer entstandenen Werke die Frucht geduldiger Arbeit sind – so, wie die Spinne mit viel Geduld ihr Netz spinnt. Friedrich spielte regelmäßig Querflöte, bis zu vier Stunden am Tag. Wollte er sich durch das Dekor seines Konzertzimmers gegen Hochmut verwahren?

Der Philosophenkönig thematisiert diese Frage ausführlich in seiner Epistel *Sur la fermeté et la patience* (dt.: *Über die Standhaftigkeit und die Geduld*), in der er auch auf die Metapher der Spinne zurückgreift:

Die Unbeugsamkeit reüssiert in der Kunst.
Vergeblich bedenkst du dein großes Genie mit Beifall,
Fehlt dir die Geduld, verweigert dir Apoll seine Gunst.
(…)
Der verehrte Petrini, dessen fleißige Finger
Die sanften Zusammenklänge formen, die deine Sinne berühren,
Und dessen Hände über seine Harfe wandern,
Wie die Beine einer Spinne über ihr geschäftig gesponnenes Netz,
Dieser klangvolle Ton, aus dem die Liebe erwächst,
Ist bei Petrini nicht das Werk eines einzelnen Tages.
Im Ringen mit Tausenden Schwierigkeiten;
Gelang es ihm mit doppeltem Fleiß, seine Finger zu lösen.

STATUE EINER FRAU MIT SCHLANGE

⑥

Die Faszination Friedrichs II. für den Selbstmord Kleopatras

Park Sanssouci – Maulbeerallee
Bus 695 (von Potsdam Hbf) Schloss Sanssouci

Auf der obersten Terrasse von Park Sanssouci steht auf der Westseite des Schlosses eine strahlend weiße Marmorstatue, die der Aufmerksamkeit vieler Besucher entgeht. Amor, der römische Liebesgott, beobachtet, wie eine Giftschlange eine Frau durch ihren Biss tötet. Die Frau

ist Kleopatra, die der Legende zufolge nach dem Tod ihres Gatten Marcus Antonius freiwillig aus dem Leben schied, indem sie sich von einer Viper in die Brust beißen ließ. Direkt unterhalb der Fenster der Sommerresidenz, in der Friedrich II., wie der Name des Schlosses verkündet, seine Sorgen vergessen wollte, erscheint diese Darstellung zumindest ungewöhnlich. Friedrich II. hatte schon sehr früh den Entschluss gefasst, auf dieser Terrasse zur letzten Ruhe gebettet zu werden. Die dem Sonnenuntergang zugewandte Kleopatra ist folglich als Symbol für den Tod zu verstehen. Ihr gegenüber befindet sich auf der anderen Seite der Terrasse eine Statue der Nymphe Flora, der Frühlingsgöttin. Sie steht für die Auferstehung und markiert die Grabstätte von Friedrich. Hier im Osten, in Richtung des Sonnenaufgangs, erwartete er die spirituelle Wiedergeburt. Aber warum ließ er den Tod als Selbsttötung darstellen? Friedrich hegte insgeheim eine große Faszination für die ägyptische Herrscherin. Bereits am 7. Dezember 1742 hatte er die Königliche Oper in Berlin mit einem eigens zu diesem Anlass beauftragten Stück eingeweiht: *Cleopatra e Cesare* von Carl Heinrich Graun. In seiner privaten Gemäldesammlung befanden sich zwei Darstellungen von Kleopatras Selbstmord. Auch im Neuen Palais sowie im Antikentempel im Park Sanssouci ist die Pharaonin in von Friedrich in Auftrag gegebenen Gemälden verewigt. Manchen Beobachtern zufolge verkörperte Kleopatra den Archetypen der bis in den Tod treuen Geliebten. Eine eigenwillige Interpretation in Bezug auf einen Mann, der in dem Ruf steht, die Liebe nie kennengelernt zu haben. Marcus Antonius, Verwalter des Ostens des Römischen Reichs, tötete sich nach der verlorenen Schlacht gegen Octavian, den späteren Kaiser Augustus, durch sein Schwert. Seine Niederlage besiegelte das Ende der Römischen Republik und das Ende der freien Allianz Roms mit dem sou-veränen Ägypten. Überleben wäre für Kleopatra einem Leben in Unehre gleichgekommen. Sie wählte den Tod und die Ehre. Ihr Suizid faszinierte Friedrich: Als Eroberer und König setzt er sich wiederholt mit der Möglichkeit einer Niederlage auseinander, einem Fall, für dessen Eintreten er für sich beschlossen hatte, nicht weiterleben zu wollen. Auf dem Feld trug er stets eine Schatulle mit einer tödlichen Dosis Morphium bei sich. In einem Brief an seine Schwester Wilhelmine schrieb er im September 1757: „Das Leben ward uns von der Natur als eine Wohltat gegeben; sobald es eine solche nicht mehr ist, läuft der Vertrag ab, wird jeder Mensch Herr darüber, seinem Mißgeschick ein Ende zu setzen in dem Augenblick, da er es für geraten hält ."

Weitere Informationen rund um das Thema bietet das Buch *Tod, Glück und Ruhm in Sanssouci* von Adrian von Buttlar und Marcus Köhler. Verlag Hatje Cantz, 2012.

WANDKRITZELEIEN DER ROTEN ARMEE IN DEN NEUEN KAMMERN ⑦

Erinnerung an den Einmarsch der Roten Armee im Jahr 1945

Neue Kammern – Park Sanssouci
Maulbeerallee 1
Von 1. April bis 31. Oktober Mittwoch bis Montag von 10 –17.30 Uhr
RE 1 (von Potsdam Hbf) Park Sanssouci

Die „sichtbarste“ Erinnerung an die Zeit, als die Rote Armee die Parks und Schlösser von Potsdam besetzt hielt, sind heute mit Sicherheit die leeren Flächen und Räume, die die sowjetische Trophäenkommission durch die Plünderung tausender Skulpturen, Kunstwerke und Einrichtungsgegenstände hinterlassen hat. In den Neuen Kammern im Park Sanssouci finden sich mit ein paar Graffitis zudem einige der wenigen bis heute erhaltenen Zeugnisse, die von der Anwesenheit sowjetischer Soldaten am Ende des Zweiten Weltkriegs berichten.

In der Blauen Galerie sind in den blauen Marmor der Wandfelder die schicksalhafte Jahreszahl 1945 sowie in kyrillischer Schrift der Ausspruch „Sieg ist ein gutes Wort“ eingeritzt.

Wie bei dem Graffiti im Neuen Palais (s. unten) lässt sich auch hier nicht mit Sicherheit sagen, wann genau die Soldaten der Roten Armee sich an der Wand verewigt haben. Kurz nach der vollständigen Besetzung des Parks Sanssouci untersagte die Rote Armee den Zutritt zum Park und zum Schloss und öffnete beide erst am 4. Juni 1946 wieder für die Öffentlichkeit.

In der Zwischenzeit machte sich die Trophäenkommission unter Leitung von Jewgeni Fjodorowitsch Ludschuweit daran, die Preußischen Schlösser zu plündern, und schaffte dabei insbesondere die 2400 Stücke umfassende Porzellansammlung von Schloss Charlottenburg zur Seite, die damals in den Neuen Kammern zwischengelagert war.

Außerdem fanden in den Potsdamer Schlössern vor allem im Rahmen der Potsdamer Konferenz (Dreimächtekonferenz) verschiedene Festlichkeiten statt, sodass die Inschriften auch bei einer dieser Gelegenheiten entstanden sein könnten.

Bei Sanierungsarbeiten in den 1980er–Jahren sowie nach der deutschen Wiedervereinigung konservierte man die Graffiti als Zeugnisse der Vergangenheit.

> Eines der Feste in den Potsdamer Schlössern ist in dem Film *Ich war neunzehn* von Konrad Wolf aus dem Jahr 1968 dargestellt. Die Dreharbeiten fanden zum Teil in der Blauen Galerie der Neuen Kammern statt.

DER PAPAGEI AN DER BAYERISCHEN SÄULE IM MARLYGARTEN

8

Eine Säule zum Gedenken an einen toten Papagei?

Marlygarten (im Park Sanssouci)
Eingang: Am Grünen Gitter 5
Bus 605, 631, 695, Tram 91 (alle von Potsdam Hbf) Luisenplatz-Nord/Park Sanssouci

Betritt man den Park Sanssouci an der Ecke Ökonomieweg-Sanssouci/Am Grünen Gitter und geht von dort aus auf dem Weg in Richtung Friedenskirche nach Osten, kommt man an einer auffallenden Säule aus kannelierten Glasröhren mit korinthischem Kapitell vorbei, auf deren Spitze eine vergoldete Statue thront. Diese zeigt ein junges Mädchen von rund zehn Jahren, das mit seiner Linken einen auf ihrer Schulter sitzenden flatternden Papagei streichelt, der sich nach vorn unten hin zu den Trauben reckt, die das Mädchen ihm mit der rechten Hand füttert.

Der „Romantiker auf dem Thron", Friedrich Wilhelm IV., schenkte diese Säule in den Farben Bayerns 1853 seiner bayerischen Frau Elisabeth. Die Statue zeigt vermutlich die junge Elisabeth, die Berichten zufolge einst einen Papagei besessen haben soll, an dem sie sehr hing.

Im 19. Jahrhundert kam es im Kontext einer zügellosen Kolonisation, die Forschungsreisen und dem Handel mit exotischen Tieren den Weg bereitete, in Mode, sich in Privaträumen mit Kanarienvögeln, Sittichen und Papageien zu umgeben. Wer etwas auf sich hielt, zeigte ein Exemplar in seinem Salon.

Allein Friedrich Wilhelm III., Vater des künftigen Königs Friedrich Wilhelm IV., besaß acht Papageien, die er im Chamoiszimmer des Königlichen Palais voller Hingabe umsorgte. Nach dem Tod ihres Schwiegervaters erbte Elisabeth eines dieser wertvollen Tiere, einen bunt gefiederten Rosellasittich (*Platycercus eximius*), der fortan bei ihr lebte und den sie sogar auf Reisen mitnahm. Er starb 1853.

So liegt es durchaus im Bereich des Vorstellbaren, dass Friedrich Wilhelm IV., der seine Gemahlin abgöttisch liebte, ihren Schmerz über den Verlust ihres geliebten „Lorchen" mit dieser Säule lindern wollte.

DER GARTEN VON BÄRBEL UND KLAUS-DIETER METZ

9

Ein wahrlich geheimer Garten im Herzen von Park Sanssouci

14467 Potsdam, Am Grünen Gitter 9
open-garden.de
Geöffnet im Rahmen der „Offenen Gärten": ein Wochenende Mitte April und ein Wochenende Mitte August, jeweils von 10–18 Uhr
Auf Höhe von Schloss Sanssouci dem Ökonomieweg nach Westen/Neues Palais in Richtung Teehaus folgen, anschließend links in den Weg zum Haus der Gartendirektion einbiegen. Der Garten befindet sich am Eingang auf der rechten Seite

Im Herzen des Schlossparks Sanssouci liegt der Privatgarten von Bärbel und Klaus-Dieter Metz. Er kann an zwei Wochenenden im Jahr im Rahmen der „Offenen Gärten" besichtigt werden. Hinter den Mauern des Ökonomiewegs erstreckt sich dort auf 1500 Quadratmetern eine fantastische Gartenanlage, in deren Alleen es sich wunderbar wandeln lässt. Bänke laden zum Verweilen inmitten von Blumen und Pflanzen ein, und hinter dem hübschen Haus am Ende des ersten Gartens eröffnet sich der Durchgang zu einem weiteren, noch verborgeneren Garten, in dem Besucher zu Kaffee und Kuchen erwartet werden.

Außerhalb der Tage der „Offenen Gärten" kann man von dem Weg zum Haus der Gartendirektion aus einen heimlichen Blick in den ersten Garten erhaschen.

DAS SYMBOL DER SPHINX IM PARK SANSSOUCI ⑩

Eine Anspielung auf das freimaurerische Initiationsritual von Friedrich dem Großen

Park Sanssouci – Zur Historischen Mühle
Park: täglich von 8 Uhr bis Sonnenuntergang
Tram 92, Bus 614, 695 (alle von Potsdam Hbf) Schloss Sanssouci

Am Südeingang des Parks von Sanssouci, unterhalb der großen Fontäne und zu Füßen des Schlosses, stehen rechts und links des Wegs zwei schöne Skulpturengruppen aus Carrara-Marmor, die meist übersehen werden: Dargestellt sind zwei Sphinxen, die mit Putten spielen. Friedrich II. (1712–1786, ab 1740 König von Preußen) beauftragte 1755 den Bildhauer Georg Franz Ebenhecht mit der Gestaltung dieser Skulpturen. Am Standpunkt der Figurengruppen verlief die Hauptachse (Nord–Süd) des barocken Gartens, und die beiden Sphinxen dienten ursprünglich, wie in der altägyptischen Tradition, als Wächter des Eingangs zum Garten. In der freimaurerischen Tradition nehmen die

Sphinxen außerdem auf das freimaurerische Initiationsritual Bezug. Friedrich der Große wurde schon als Kronprinz 1738 in den Bund der Freimaurer aufgenommen und richtete in Schloss Rheinsberg eine Loge ein. Im Jahr 1740 wurde auf sein Geheiß hin Berlin die Große National-Mutterloge *Zu den Drei Weltkugeln* gegründet. Betrachtet man die Sphinxen im Park etwas genauer, fällt Folgendes auf: Bei der westlichen Figurengruppe zieht sich die vordere der beiden Putten einen Schleier über den Kopf. Die Augen der Sphinx und die des anderen Knaben sind zu Schlitzen verengt, als würde sie das Licht blenden. Das Richtung Osten aufgestellte Figurengruppe scheint eine geradezu gegensätzliche Aussage darzustellen. Die vordere Putte hat das Tuch mit ihrer rechten Hand vom Kopf abgenommen und blickt mit schmerzverzerrtem Gesicht nach oben ins Licht. Die Sphinx fasst mit ihrer rechten Tatze in seinen Haarschopf, als wolle sie ihn zum Schauen zwingen. Die Augen der Sphinx sind geöffnet, ihre Aufmerksamkeit gilt jedoch dem Knaben auf ihrem Rücken. Er dreht ihr Gesicht in seine Richtung, weg von der geblendeten Putte. Diese Darstellung spielt auf das freimaurerische Einweihungsritual an, bei dem einem Anwärter zu Beginn die Augen verbunden werden. Nach einer in Szene gesetzten Vorbereitung, einer Reise zur Erkenntnis, wird ihm die Binde abgenommen. Der Initiierte ist nun in der Lage, das Licht im übertragenen Sinne zu schauen. Die schmerzverzerrte Mimik der Putte bezieht sich auf diesen „initiatorischen Schock". Die Sphinx wendet ihren Blick ab – vielleicht um anzuzeigen, dass sie in ihrer Rolle als Wächterin (in der griechischen Mythologie stellt die Sphinx Reisenden ein Rätsel und tötet diejenigen, die es nicht lösen können) denjenigen, der nun eingeweiht ist, unbehelligt ziehen lassen kann.

HAKENKREUZE AM CHINESISCHEN RÄUCHERGEFÄẞ IM PARK SANSSOUCI

(11)

Ein Symbol orientalischer Spiritualität ohne Nazi-Bezug

Park Sanssouci (neben dem chinesischen Teehaus)
Ökonomieweg Sanssouci
Tram 91, 98 (von Potsdam Hbf) Charlottenhof/Geschwister-Scholl-Straße

Ganz in der Nähe des chinesischen Teehauses im Park Sanssouci steht auf einem steinernen Sockel ein rund 3,50 Meter hohes bronzenes Gefäß mit drei Füßen und einem runden, zweistufigen Pagodendach. Es handelt sich um die puristische Ausführung eines chinesischen Räuchergefäßes, die sich an einem stark verbreiteten alten Modell orientiert, das in einer unendlichen Vielzahl an Gestaltungsformen insbesondere vor buddhistischen Tempeln in Asien zu finden ist. Deutlich sind an diesem Gefäß im Park Sanssouci auf beiden Seiten Hakenkreuzornamente zu sehen.

Handelt es sich hierbei um ein Relikt aus dem Dritten Reich, das

bei der Entnazifizierung übersehen wurde, fragt man sich irritiert? Nein, erklärt die *Stiftung Preußische Schlösser und Gärten*. Nach ihrer Aussage überreichte Chulalongkorn (Rama V.), König von Siam (dem heutigen Thailand), das Gefäß Kaiser Wilhelm II. als Geschenk, als er 1897 auf der Suche nach internationaler Unterstützung für die Unabhängigkeit seines vom europäischen Kolonialismus bedrohten Königreichs zu einem diplomatischen Besuch in Potsdam weilte. Und in der Tat handelt es sich bei dem von den Nazis zu Propagandazwecken missbrauchten Hakenkreuz historisch um ein spirituelles Symbol, das schon seit Menschengedenken verwendet wird und heute vor allem in Asien häufig auf Kultgegenständen zu finden ist (s. S. 90).

Die beiden Symbole auf dem Räuchergefäß in Sanssouci weisen Löcher auf (von denen eines augenscheinlich aufgefüllt wurde), was darauf hindeutet, dass sie vermutlich als Schmuck oder Fassung für einen Edelstein dienten.

Auf Schloss Sanssouci findet sich ein weiteres Hakenkreuz. Auch bei diesem handelt es sich um eine historische Referenz und nicht um ein Nazisymbol. Siehe Foto auf der folgenden Doppelseite.

Die Swastika: ein Symbol, viel älter als die Nazis

Das uralte heilige Symbol der Swastika findet man seit der Antike in vielen alten Kulturen: bei den Kelten, den Etruskern, in Nordeuropa, bei den Mayas in Zentralamerika, den Navajo-Indianern in Nordamerika sowie in Asien (vor allem in China, Tibet und Indien). Einige vermuten, dass der Ursprung des Symbols in Tibet liegt. Auf den Abhängen des für Hindus und Buddhisten heiligen Berges Kailash in Westtibet, der als Mittelpunkt des Universums gilt, bilden die Felskrater die Form einer Swastika. Man muss zwischen den Begriffen *swástika* und *sowástika* (auf Pali bzw. Tibetisch) – bei uns Swastika bzw. Sauvastika unterscheiden. Die links gerichtete Sauvastika galt bei den östlichen Religionen und den Völkern der westlichen Antike, die ihrerseits die rechts gerichtete Swastika als Zeichen für das Gute und das Leben benutzten, als düsteres und todbringendes Symbol. Adolf Hitler und seine Partei machten diese unheilvolle Sauvastika zu ihrem Abzeichen.

Die Drehrichtung der Swastika bzw. Sauvastika bestimmt also die kosmische Bedeutung des Symbols. Im Uhrzeigersinn ist es ein positives Sonnensymbol, das für die Evolution des Universums steht, wie z. B. das Monogramm von Karl dem Großen. Gegen den Uhrzeigersinn, böse und dunkel, ist es ein Zeichen für die Involution des Universums. Wie bei der von Hitler übernommenen Sauvastika, steht es für den Versuch, das Zeitlose und Heilige mit Hilfe des Zeitlichen und Profanen zu unterwerfen. Die Swastika, deren sich drehende Arme (*crux gammata*, nach dem griech. Gamma), einen Feuerschweif nach sich ziehen, ist auch Symbol für das göttliche Wirken. In dieser Bedeutung war sie schon immer auf bildlichen Darstellungen von Erlösern, Propheten oder Gottesinkarnationen wie Jesus Christus zu sehen. Die Swastika ist das Symbol für den Schöpfer, um den sich Hierarchien von Geschöpfen scharen, die aus seiner göttlichen Mitte (*bindu*, Sanskrit für „Punkt“ oder „Tropfen“) entspringen. So wie Christus, der Gesalbte, das Zentrum christlicher Mystik bildet, ist Buddha, der Erleuchtete, das Zentrum des buddhistischen Glaubens. Dieses Zentrum wurde von den Menschen mit dem Herzen als Sitz des spirituellen Bewusstseins gleichgesetzt. Buddha wird daher oft mit einer Swastika auf der Brust abgebildet. Bei den Shivaisten wiederum wird der Gott Shiva mit einer Swastika dargestellt. Und auch wenn in religiösen Darstellungen sowohl im Osten als auch im Westen oft eine links gerichtete Sauvastika abgebildet ist, liegt das häufig nur an der Unwissenheit des Künstlers. Wie ein Spiegelbild zeigt sie die umgekehrte Realität. Im Gegensatz zur Swastika, die der geistige Pol der Menschheit, der Welt und des Universums ist, stellt die Sauvastika ihr materielles Gegenteil dar.

Die Swastika als Nazi-Symbol

Der führende Ideologe des Nationalsozialismus, Alfred Rosenberg (1893–1946), führte die Germanen auf die Arier zurück (Angehörige der indoiranischen Sprachgruppe, die um das 3. Jahrtausend vor Christus in Vorderasien lebten) und legte damit die Grundlage für die Wahl der Swastika als Nazi-Symbol. Auch für den Orientalisten Émile Burnouf war die Swastika Symbol der Arier, die er als „Herrenrasse" mit pantheistischen Tendenzen im Gegensatz zur „Rasse" der monotheistischen Semiten beschrieb. Hitler sah in der Swastika, dem Hakenkreuz, ein „Symbol des Kampfes für den Sieg des arischen Menschen".

JUGENDSTILRELIEFS IN DER MEISTERSINGERSTRAẞE 11

⑫

Symbolik einer Heimstatt

Meistersingerstraße 11–13 und Hans-Sachs-Straße 3–12
Tram 91 oder Bus 631 (beide von Potsdam Hbf) Charlottenhof/ Geschwister-Scholl-Straße

Wer abseits der üblichen touristischen Wege unterwegs ist, dem ist möglicherweise ein Blick auf die schönen Jugendstilfassaden an der Ecke Meistersingerstraße/Hans-Sachs-Straße vergönnt, die in Potsdam in dieser Art eher selten zu finden sind und leicht übersehen werden.

Das Hauptrelief in der Meistersingerstraße 11 zeigt eine weibliche Figur – die Personifizierung der Baukunst. Mit Lineal und Zirkel trägt sie in der rechten Hand einen Stift und in der linken einen halb ausgerollten Plan, auf dem Bauentwürfe zu erahnen sind. Sitzend thront sie auf einem Sockel mit einem Medaillon, das in Versalien den Schriftzug BWV – Beamten-Wohnungsverein – trägt.

Das Thema „Wohnen" bestimmt die Motive an den Fassaden des gesamten Gebäudekomplexes und ist auch Motto der als Vogelnester ausgearbeiteten Reliefs, die über den Türen in der Meistersingerstraße 11 und in der Hans-Sachs-Straße 12 zu sehen sind.

An der Eckfassade Meistersingerstraße/Hans-Sachs-Straße sowie in der Hans-Sachs-Straße 12 zeigen die Reliefs unter einigen Fenstern sechs unterschiedliche Tiere in ihrem jeweiligen natürlichen Habitat: eine Krähe im Rebstock, ein Kauz im Kastanienbaum, ein Eichhörnchen im Haselnussstrauch, eine Elster in einer Kiefer, ein Frosch zwischen Seerosen und ein Fuchs in einer Eiche.

Im Treppenhaus sieht man ein Relief mit einem Spinnrad – das ursprüngliche Symbol des Potsdamer Beamten-Wohnungsvereins, das in kleinerer Ausführung auch in der Hans-Sachs-Straße 10 rechts neben der Eingangstür angebracht ist.

Kurz nach der Gründung des Wohnungsvereins äußerte sich dessen erster Vorstandsvorsitzender, Baurat Wever, wie folgt zur Wahl des Wappensymbols: „Als der Beamten-Wohnungsverein nach einem Sinnbilde seines Wirkens suchte, erschien kein anderes so geeignet, symbolisch seine Aufgabe auszudrücken, als das Spinnrad, jenes Sinnbild häuslichen Friedens und häuslicher Tätigkeit." (abgedruckt in der Zeitschrift *Das Beamtenheim*, Dezember 1903)

Der 1903 gegründete Beamten-Wohnungsverein (der heutigen Wohnungsbaugenossenschaft Potsdam 1903 eG) zählt heute mehr als 2600 Mitglieder und 1500 Immobilien.
Das Gebäude in der Meistersingerstraße 11 (der damaligen Sophienstraße) gehört zu dem schönen Bauensemble, das zwischen 1908 und 1912 westlich der Hans-Sachs-Straße (der damaligen Sigismundstraße) errichtet wurde und die Häuser Meistersingerstraße 11–13 sowie die Gebäude 3–12 in der angrenzenden Hans-Sachs-Straße umfasst.

1908
BVJ

VOLTAIRE UND LESSING DIE EHRE ERWEISEN

13

Fragmente des Potsdamer Stadtschlosses

Zeppelinstraße 170–172
Tram 91, Bus 605, 631 (alle von Potsdam Hbf) Feuerbachstraße

An der Promenade an der Neustädter Bucht steht, unweit des Dampfmaschinenhauses (der „Moschee"), das einst zum Betrieb der Großen Fontäne vor dem Schloss Sanssouci errichtet wurde, ein unscheinbares Denkmal, bestehend aus einigen im Halbrund angeordneten neoklassischen Bauelementen.

Zu sehen sind zwei Säulenstümpfe, darauf Porträtreliefs des alten Voltaire und des jungen Gotthold Ephraim Lessing – ein Verweis auf den Aufenthalt der beiden Denker der Aufklärung im Marquisat, der Sommerresidenz des Marquis d'Argens, die sich seinerzeit an diesem Ort befand.

Bei den Fragmenten des Denkmals handelt es sich um Relikte des ehemaligen Potsdamer Stadtschlosses. Dieses hatte im Zweiten Weltkrieg schweren Schaden genommen und wurde 1960 infolge eines umstrittenen Beschlusses gesprengt.

Bronzeobjekte ergänzen heute diese Fragmente des Schlosses – ein

Buch mit dem Titel *Miss Sara Sampson*, das als Hinweis auf Lessings Theaterstück aus dem Jahr 1755 zu verstehen ist, das dieser vermutlich während seines Aufenthalts im Hause des Marquis verfasste, sowie ein Tintenfass und eine Feder.

Traditionellerweise war die Erhebung der Seele im Drama angesichts tragischer Gefühle einzig dem Adel vorbehalten. Lessing indes folgte in seiner Tragödie um Miss Sara dem Vorbild moderner englischer und französischer Dichter und führte das erste bürgerliche Trauerspiel in die deutsche Literatur ein. Ganz im Sinne der Philosophie der Aufklärung gab er so zu verstehen, dass jeder Mensch in der Lage ist, das tragische Wesen seiner Existenz zu empfinden.

Das Tintenfass wiederum verweist auf Voltaire, der als Gast der preußischen Krone 1751 sein Werk *Das Zeitalter Ludwigs XIV.* verfasste, dessen Lektüre Friedrich II. derart prägte, dass er daraus seine mysteriöse

Maxime „Sans, souci" ableitete, die noch heute die Fassade seines Schlosses ziert (s. S. 70).

Jean-Baptiste de Boyer, Marquis d'Argens, Kammerherr Friedrichs II., war Teil der berühmten Tafelrunde, eines Kulturzirkels, dessen Mitglieder der Philosophenkönig unabhängig von Klasse und Vermögen einzig aufgrund ihrer intellektuellen Fähigkeiten auswählte. Als Mann des Geistes empfing Marquis d'Argens in seiner Sommerresidenz, dem sogenannten Marquisat, regelmäßig Denker und Künstler. Das Wissen darüber, wie dieses Gebäudes in der Zeppelinstraße 167, das Friedrich II. dem Marquis 1748 schenkte, einmal ausgesehen hat, ist allein einer winzigen Darstellung auf einem Teppich im Konzertzimmer von Schloss Sanssouci zu verdanken.

DAS POSTTOR UND DAS LINDSTEDTER TOR IM PARK SANSSOUCI

14

Erinnerung an die Weltausstellung 1893 in Chicago

Ecke Lindenavenue/Geschwister-Scholl-Straße und Maulbeerallee
Bus 605 Neues Palais, RE1, RB20–23 Park Sanssouci (alle von Potsdam Hbf)

Vom Bahnhof Park Sanssouci aus führen zwei Wege in den Schlosspark Sanssouci: geradeaus über die recht befahrene und eher laute Straße Am Neuen Palais oder, zwei Gehminuten weiter östlich, über die Geschwister-Scholl-Straße und die hübsche Lindenavenue. Wir bevorzugen die zweite Variante: Sie bietet nicht nur eine schöne Blickachse auf das Neue Palais, das über eine malerische Baumallee in knapp zehn Minuten zu erreichen ist, sondern eröffnet zugleich die Möglichkeit, mit dem Posttor am Eingang und dem Lindstedter Tor am nördlichen Ende der Lindenavenue (Ecke Maulbeerallee) – zwei außergewöhnlich fein gearbeitete Tore zu bewundern, die zudem, was nur wenigen bekannt ist, ursprünglich auf der Weltausstellung 1893 in Chicago zu sehen waren.

Das Neue Palais diente einst Wilhelm II., dem letzten deutschen Kaiser, als Hauptresidenz. Er war es auch, der einen um das Palais herumführenden Wassergraben weitgehend zuschütten und als neue Nord-Süd-Achse im Park die Lindenavenue anlegen ließ, die sein Palais mit dem Bahnhof Park Sanssouci (früher Bahnhof Wildpark) verband.

Im Jahr 1896 wurden zwei mit reichen Ornamenten geschmückte schmiedeeiserne Tore angebracht, von denen jedes zehn Tonnen wog: das Posttor und das Lindstedter Tor.

Das Posttor verdankt seinen Namen dem nahe gelegenen Reichsposthauptamt Nummer 1, zu dessen Aufgaben insbesondere die Weiterleitung von im Neuen Palais ausgearbeiteten kaiserlichen Erklärungen zählte. Es war das prominentere der beiden Tore, da es von der kaiserlichen Familie und ihren hochrangigen Gästen bei Ankunft am Bahnhof als Zugang zum Neuen Palais genutzt wurde.

Ursprünglich waren beide Tore von der in Frankfurt am Main

ansässigen Kunstschmiede der Gebrüder Armbrüster gefertigt worden. Sie bildeten die seitlichen Flügel einer imposanten, 32 Meter langen und 11 Meter hohen Gesamtkonstruktion, durch die man auf der Weltausstellung zum deutschen Pavillon gelangte. Da sich nach Ende der Weltausstellung zunächst kein Interessent fand, kaufte Wilhelm II. die Torgruppe an.

Die Seitentore wurden auf der Nord-Süd-Achse der Lindenavenue aufgestellt; das Mitteltor fand seinen Platz am Obeliskportal und wurde 1931 schließlich verschrottet.

Die Seitentore haben die Jahre überdauert, doch der Zahn der Zeit ging auch an ihnen nicht spurlos vorüber: Das Posttor wurde 1945 von einem sowjetischen Panzer beschädigt und zunächst provisorisch repariert, bevor es 1997 abgebaut und eingelagert wurde, um weitere (witterungsbedingte) Schäden zu verhindern. Das Lindstedter Tor wurde 2010 abgebaut, um irreparable Rostschäden zu verhindern. Inzwischen sind beide Tore restauriert worden und erstrahlen seit 2009 (Posttor) beziehungsweise 2012 (Lindstedter Tor) an ihren alten Standorten in neuem Glanz.

STATUEN SCHWARZER MÄNNER ALS LATERNENTRÄGER ⑮

Mischung aus Repräsentation kolonialer imperialer Macht und Exotik?

Balustrade vor dem Neues Palais
Bus 605 (von Potsdam Hbf) Neues Palais

Auf der Balustrade vor dem Neuen Palais stehen gemeinsam mit einer Skulpturengruppe aus einem Satyr und einer Nymphe, Darstellungen von Römern, Germanen, großen Vasen, Trophäen und Putten, auch zwei männliche Schwarze in antikisierender Kleidung, die zwei dreiarmige Kandelaber stützten, die aus Baumstämmen herauszuwachsen scheinen. Die *Stiftung Preußische Schlösser und Gärten Berlin-Brandenburg* nennt diese beiden Figuren die *Statuen Schwarzer Männer als Laternenträger*. Die jungen, barfüßigen Schwarzen Männer im antiken Gewand, die die zwei gusseisernen Laternen umfassen, stehen an der Treppe zur Königswohnung Friedrichs II. – vom Park aus gesehen also auf der linken Seite des monumentalen Gebäudes. Zwischen den Armen der beiden Laternen prangt das Monogramm Kaiser Wilhelms – WR (Wilhelm Rex). Als Kaiser Wilhelm II. im Jahr 1888 mit seiner Familie das Neue Palais bezog, begann man sofort mit Umbauarbeiten. Zu den Modernisierungen des Wohntrakts gehörte die Verlegung des repräsentativen Haupteingangs aus dem westlichen friderizianischen Ehrenhof auf die östliche Parkseite. Im Auftrag des Kaisers wurde vor der Längsseite des Rokokoschlosses eine neubarocke Terrasse mit zwei seitlichen Rampen errichtet, sodass auch Automobile direkt vorfahren konnten. Wilhelm II. ließ die Brüstung dieser Terrasse mit 54 Sandsteinskulpturen dekorieren. Für die Ausführung des Figurenschmucks beauftragte er seinen Hofbildhauer Walter Schott (1861 –1938), der innerhalb von nur anderthalb Jahren gemeinsam mit über 50 Mitarbeitern die bestellten Skulpturen in sehr unterschiedlicher Qualität ablieferte. Zum Figurenpaar der Schwarzen Männer als Laternenträger bleiben trotz beginnender Forschungsarbeit zahlreiche Fragen offen.

Zu klären ist, ob Walter Schott für die Ausarbeitung der beiden Skulpturen mit lebenden Modellen gearbeitet hat, was durchaus denkbar ist. Ende des 19. Jahrhunderts lebten auch Schwarze Menschen aus unterschiedlichen Gründen in Berlin – und nicht zuletzt gab es das höchst umstrittene Phänomen der Völkerschauen. Ebenso wenig ist überliefert, mit welcher Intention Kaiser Wilhelm II. die Skulpturen aufstellen ließ: War es möglicherweise eine Melange aus Repräsentation kolonialer und imperialer Macht und Exotik?

DIE ZWEIGE DER DAPHNE-STATUE ⑯ AM NEUEN PALAIS

Der mythologische Ursprung des Lorbeerkranzes als Siegessymbol

Westfassade des Neuen Palais
Bus 605, 606 und X5 (alle von Potsdam Hbf) Campus Universität/Lindenallee

Gleich rechts neben dem diskreten Eingang zu den Gemächern des Königs im Neuen Palais steht eine Statue, die einen näheren Blick lohnt. Sie zeigt eine junge Schöne, deren Füße und Hände in Zweigen und Blättern enden. Es ist dies die unvergleichlich reizende Nymphe Daphne (altgr. „Lorbeer"), erste Liebe des Gottes Apollon in der griechischen Mythologie, und ein Verweis auf das leidenschaftliche Interesse, das Friedrich II. den *Metamorphosen* von Ovid entgegenbrachte.

Einer von Ovid zum Teil neu interpretierten Version des Mythos zufolge, soll Apollon den Liebesgott Eros als schlechten Schützen verspottet haben, der daraufhin zwei Pfeile abschoss: einen Liebespfeil mit einer goldenen Spitze auf Apollon, woraufhin dieser sich unsterblich in Daphne verliebte, und einen mit bleierner Spitze auf die Nymphe, die dadurch für dessen Liebe unempfänglich wurde.

Apollon stellte Daphne daraufhin bis zur Erschöpfung nach, sodass sie schließlich ihren Vater um Hilfe anflehte und dieser sie in einen Lorbeerbaum verwandelte.

In den Worten Ovids: *Kaum war die Bitte beendet, befällt schwere Taubheit die Glieder: Die weichen Brüste werden von zarter Rinde umschlossen, die Haare werden zu Laub, die Arme wachsen als Äste; schon wird der flinke Fuß von trägen Wurzeln gehalten, ein Wipfel verbirgt das Gesicht: Der Glanz allein bleibt ihr.*

Der Gott übertrug seine ganze Liebe daraufhin auf den Lorbeer, der seine Geliebte verkörperte, worauf bei den alle vier Jahre in Delphi zu Ehren Apollons stattfindenden Pythischen Spielen den Siegern Lorbeerkränze als Auszeichnung verliehen wurden und sich der Lorbeer als Symbol des Sieges etablierte.

DER STEIN DES KILIMANDSCHARO

(17)

Warum ist ein Stück der Spitze des Kilimandscharo in Potsdam?

Neues Palais, Grottensaal – Am Neuen Palais
Sommer (April bis Oktober): Mittwoch bis Montag 10–17:30 Uhr
Winter (November bis März): Mittwoch bis Montag 10–16:30 Uhr
Bus 605 Neues Palais, RE1, RB20–23 Park Sanssouci (alle von Potsdam Hbf)

Die Wände und Pfeiler des Grottensaals im Neuen Palais sind geschmückt mit mehr als 24 000 Mineralien, Edelsteinen, Muscheln und Korallen. Die ältesten stammen aus der Sammlung Friedrichs II. Später brachten Abenteurer, Weltentdecker und Staatsgäste weitere kostbare Steine als Trophäen nach Potsdam und beschenkten damit insbesondere die beiden letzten kaiserlichen Hausherrn. Prestigeträchtige Einkäufe vervollständigten das illustre Bild.

An der Nordwand des 600 Quadratmeter großen Raumes befindet sich ein Stein, der angeblich vom Gipfel des Kilimandscharo stammt, aber keine Aufmerksamkeit erregt, da die Tafel, die ihn kennzeichnet, vor einigen Jahren entfernt wurde.

Die Bergspitze in Potsdam hat eine Vorgeschichte. Nach der Berliner Kongo-Konferenz 1884/85 nahm das Deutsche Kaiserreich sich Deutsch-Ostafrika – heute Tansania, Ruanda, Burundi und ein kleiner Teil Mosambiks – mitsamt dem Kilimandscharo.

Der Geograf und Bergsteiger Hans Meyer setzte sich daraufhin das ehrgeizige Ziel, als erster Europäer das Massiv zu besteigen. Hans Meyer stammte aus der Leipziger Verlegerfamilie, die Meyers Konversations-Lexikons herausgab, und war ein weltweiter Forschungsreisender. Er blieb zwei Jahre lang in der Region. Beim dritten Versuch und nur mit Unterstützung einheimischer

Bergführer und eines Salzburger Alpinisten erreichte er am 6. Oktober 1889 den Hauptgipfel Kibo. Meyer taufte ihn „Kaiser-Wilhelm-Spitze“, brach besitzergreifend Stücke des Gesteins ab und nahm sie mit nach Potsdam. Während ein Teil der Spitze des Kilimandscharo mit kolonialem Anspruch im Grottensaal verbaut wurde, nutzte Meyer einen anderen als Briefbeschwerer zu Hause. 2019 wurde dieser Brocken in einer Auktion versteigert.

Bleibt noch die Spitze in Potsdam. Sie sorgte für weitere Verwirrung. Anfang der 1980er-Jahre wurde bei wissenschaftlichen Untersuchungen erkannt: Die vermeintliche Spitze des Kilimandscharo war nichts als Schotter. Der ursprüngliche Stein war fort. Wahrscheinlich verschwand er bei einem der zahlreichen Empfänge im Grottensaal in einer Tasche eines wenig ehrenwerten Besuchers. Letztendlich wurde Ersatz eingesetzt. Die jetzige „Spitze des Kilimandscharo“ ist ein Stück Lavagestein aus der Sammlung der ersten Expedition Hans Meyers, bei der er den Gipfel des Berges jedoch nicht erreichte.

© Sergey Pesterev: Wikimedia Commons

DAS MOSAIKFRAGMENT AUS DER JERUSALEMER GRABESKIRCHE ⑱

Imperiale Souvenirs

Grottensaal
Neues Palais
1. April bis 31. Oktober: Mi bis Mo von 10–17.30 Uhr; 1. November bis 31. März: Mi bis Mo von 10–16.30 Uhr
Bus 605 (von Potsdam Hbf) Neues Palais

Im 19. Jahrhundert ließen Friedrich III. und sein Sohn Wilhelm II. in die Mauern des Grottensaals im Neuen Palais verschiedene Mineralien und Edelsteine aus der Familiensammlung einsetzen. Manche der Steine dienen schlicht der Dekoration, andere haben einen direkten Bezug zur kaiserlichen Familie, deren Mitglieder immer wieder gern besondere Steine von Reisen mitbrachten und in den Saal einfügen ließen. Auf eben diese Weise gelangte auch ein Mosaikfragment vom Boden der Jerusalemer Grabeskirche in eine Säule im nordöstlichen Teil des Saals.

Im Jahr 1898 unternahm Wilhelm II. eine Reise nach Palästina, offiziell, um mit der Erlöserkirche die einzige lutherische Kirche in der Altstadt von Jerusalem einzuweihen. Gleichzeitig aber setzte er damit eine Tradition fort, denn sein Vater hatte Jerusalem 1869 besucht, und sein Großvater hatte das 1841 von Friedrich Wilhelm IV. gegründete protestantische Bistum Jerusalem unterstützt. Nach außen hin wurde die Palästinareise seinerzeit als diplomatische Mission dargestellt, mit der die Bande zwischen dem Deutschen Kaiserreich und dem Osmanischen Reich gestärkt werden sollten. In Wahrheit handelte es sich jedoch um eine private Pilgerfahrt der zutiefst gläubigen Kaiserin Auguste Viktoria, zu deren Ehren 1910 auf dem Ölberg in Jerusalem das Auguste-Viktoria-Krankenhaus gebaut wurde. Anlässlich seines Besuchs in der Grabeskirche überreichte man dem Kaiser ein Fragment aus dem Bodenmosaik der Kirche als Geschenk.

Ein Marmorstück aus dem Parthenon

Kaiserin Auguste Viktoria brachte ein Marmorstück vom Parthenontempel mit nach Hause, das heute in der Südwand des Saals zu finden ist.

IN DER UMGEBUNG

Die kyrillische Inschrift im Tamerlan-Raum im Neuen Palais

Im Neuen Palais haben sowjetische Soldaten im Tamerlan-Raum in kyrillischen Lettern den Schriftzug „Tod den deutschen Besatzern“ hinterlassen, der in der Roten Armee seit dem Einmarsch der Wehrmacht in die Sowjetunion weit verbreitet war. Unter der heute halb hinter den in ihrer Originalhängung platzierten Gemälden aus dem 18. Jahrhundert versteckten Inschrift ist ein kleiner roter Stern zu sehen, darüber Hammer und Sichel. Der Schriftzug ist der einzige seiner Art im Neuen Palais. Am 28. April 1945 dauerten die Kämpfe dort nur relativ kurz.

© Angel Miklashevsky

SYMBOLIK DER STATUEN AM NEUEN PALAIS

(19)

Ein außergewöhnliches Ensemble voller Rätsel

Park Sanssouci
Am Neuen Palais
Park geöffnet täglich von 8 Uhr bis Einbruch der Dunkelheit;
Bus 605, 695 (beide von Potsdam Hbf) Park Sanssouci

Nahezu 500 Statuen zieren die Fassaden des Neuen Palais im Schlosspark Sanssouci – eine eindrucksvolle Zahl. Bei den meisten aus Elbsandstein gearbeiteten Skulpturen handelt es um überlebensgroße Darstellungen von Figuren aus der griechisch-römischen Mythologie.

Das Neue Palais entstand unter Friedrich II., nicht etwa als seine Sommerresidenz, sondern vielmehr als prunkvolles Gästehaus für die zahlreichen Gäste des preußischen Königs. Das reiche Skulpturenprogramm gab diesen klar zu verstehen, dass das große Preußen sich in einer imperialen Tradition mit dem griechischen und römischen Reich sah.

Oben auf der Kuppel des Schlosses thronen Statuen der drei Grazien Euphrosyne, Thalia und Aglaia als Sinnbilder für Frohsinn, Festfreude und Glanz – ein Hinweis darauf, dass das Palais auch als prachtvolles Theater genutzt wurde.

Die meisten Statuen finden sich am Dachgesims des Hauptbaus. Im Erdgeschoss rund um das Gebäude sind 158 weitere Statuen angeordnet – eine Skulptur für jeden der zwischen den vielen Fenstern stehenden Pilaster.

Alle Skulpturen einzeln aufzuführen wäre müßig, doch manche der Figuren lohnen aufgrund besonderer Details einen genaueren Blick. Die nachfolgend genannten Zahlen bezeichnen die Position der Statuen an den Fassaden des Gebäudes. Dabei steht die Ziffer 1 für die Hauptfassade, die 2 für die direkt rechts davon gelegene Fassade und so weiter bis Fassade 26, die wieder an die 1 anschließt.

Fassade 1:

1 – Meleagros und Atalante: Nachdem er den Eber, der im kalydonischen Reich Angst und Schrecken verbreitete, mit dem Speer besiegt hat, überlässt Meleagros (rechts, in seiner Linken ein Jagdhorn haltend) der Jägerin Atalante (links) das Fell des monströsen Ebers, da sie ihn als Erste mit ihrem Pfeil verletzt hatte.

2 – Hermes und Paris: Der Gott Hermes reicht Paris, Prinz von Troja, den goldenen Apfel und fordert ihn auf, diesen der Schönsten unter den Göttinnen zu überreichen.

3 – Paris und Aphrodite: Paris, Prinz von Troja, reicht Aphrodite, der Göttin der Liebe, den Zankapfel, der die Aufschrift „Der Schönsten" trägt. Zum Dank bietet diese ihm das Herz von Helena, der schönsten Sterblichen. Diese ist jedoch bereits mit dem König von Sparta verheiratet und wird von Paris anlässlich eines diplomatischen Treffens entführt. Dieser Raub ist Auslöser des Trojanischen Kriegs, der die ehebrecherischen Liebenden in die Verdammnis führt. Ihr unheilvolles Schicksal ist hier metaphorisch durch das Taubenpaar zu Füßen von Paris dargestellt, bei dem der eine Vogel die Eingeweide des anderen

verschlingt. Da Tauben eine lebenslange Partnerschaft führen, stehen sie traditionell für die eheliche Liebe.

4 – Aiolos und Hera: Hera, Göttin der Ehe, erkennbar an ihrem Attribut, dem Pfau, bittet den Windgott Aiolos, seine ungünstigen Winde zurückzuhalten, damit Jason und seine Argonauten gefahrlos über das Meer gelangen können.

5 – Herakles und Hesione: Nachdem Herakles (röm. Herkules) das Meerungeheuer getötet hat, dem Hesione als Opfer angeboten worden war, macht er diese von dem Felsen los, an den sie angekettet war. Die Episode ist mit der bekannteren Geschichte von Perseus und Andromeda identisch, doch Herakles ist hier gut an dem Löwenfell zu erkennen.

Fassade 4:

1 und 2 – Deukalion und Pyrrha: Sie bilden die griechischen Äquivalente zum alttestamentarischen Noah und seiner Frau. Als einzige Überlebende der von Zeus hervorgerufenen Flut erhalten Deukalion und Pyrrha, beides Kinder von Titanen, den göttlichen Auftrag, die Erde wieder zu bevölkern und „die Knochen ihrer Mutter" über die Schulter zu werfen. Im Gedenken an ihre gemeinsame Ahnin Gaia, Göttin der Erde, deren Steine wie Knochen waren, warfen sie Steine über ihre Schultern, aus denen Menschen wurden: Deukalions Steine wurden zu Männern, Pyrrhas Steine zu Frauen.

Fassade 6:

Daphne verwandelt sich in einen Lorbeerbaum (s. S. 106): Weitere Darstellungen von Daphne finden sich am Neuen Palais in der zweiten Statue von Fassade 12 sowie in der ersten Statue von Fassade 24.

Fassade 9:

Zwei weibliche Figuren mit Krügen, aus denen Quellen entspringen, symbolisieren zwei Wasserläufe. Links ist vermutlich Styx zu sehen, der Fluss der Unterwelt in der griechischen Mythologie, hier zu erkennen an den züngelnden Wasserflammen. Der zweite, sich in den ersten ergießende Fluss steht vermutlich für einen der vier Zuflüsse des Styx, aller Wahrscheinlichkeit nach Lethe, den Fluss des Vergessens, der als einziger dieser Zuflüsse traditionell durch eine weibliche Gottheit dargestellt ist.

Fassade 12:

Athene, Göttin des Kampfes und der Weisheit ist mit ihren Attributen dargestellt: Helm und Speer eines hoplitischen Kriegers sowie dem mit dem Haupt der Medusa geschmückten Schild. In der griechischen Mythologie ist Medusa eine der drei Gorgonen. Der

verstörende Anblick ihres Schlangenhaars und ihres verzerrten Antlitzes lassen jeden, der sie zu Gesicht bekommt, zu Stein erstarren. Perseus gelingt es jedoch, sie zu enthaupten. Ihr Haupt wird der Göttin Athene überbracht, die dieses als besonderen Schutz auf ihren Schild heftet.

Von Athene finden sich an den Fassaden des Neuen Palais gleich mehrere Darstellungen. Die fünfte Statue von Fassade 12 zeigt sie mit einem drachenbekrönten Helm. Einigen Versionen des Mythos zufolge sollen die Giganten während der Gigantomachie (Kampf der Götter des Olymp mit den Giganten) einen Drachen auf Athene losgelassen haben. Athene soll das Monster in den Himmerl geschleudert haben, wo es sich zum Sternbild der Schlange formierte.

Fassade 13:

1 – Aktaion: Eines Tages überrascht Aktaion auf der Jagd mit seinen Hunden die Jungfrau Artemis, Göttin der Jagd und der Geburt, beim Baden. Um Aktaion für seine Unverschämtheit zu bestrafen, verwandelt Artemis ihn in einen Hirsch. Er wird von seinen eigenen Hunden gejagt und zerfleischt. Am Neuen Palais ist Aktaion außerdem in der sechsten Statue an Fassade 5 sowie in der ersten Statue von Fassade 17 zu sehen.

2 – Kalchas am Opferaltar: Als ungünstige Winde die griechische Flotte daran hindern, in den Trojanischen Krieg aufzubrechen, erkennt der Seher Kalchas die Ursache darin im Zorn der Artemis auf Agamemnon und fordert die Opferung von dessen Tochter Iphigenie.

3 – Pandora: Prometheus und Epimetheus haben den Menschen die göttlichen Attribute des Feuers und der Weisheit versprochen. Die Götter des Olymp rächen sich dafür, indem sie die erste Frau erschaffen, der sie den Namen Pandora geben. Sie händigen ihr eine geheimnisvolle Büchse aus, die sie nicht öffnen darf, und geben sie Epimetheus zur Frau. Nach der Heirat öffnet Pandora voll Neugier die Büchse, woraufhin das in ihr enthaltene gesamte Übel der Menschheit entweicht. Als es Pandora gelingt, die Büchse wieder zu verschließen, verbleibt einzig die Hoffnung in ihr. Der Mythos widerspricht der christlichen Lehre, nach der die Hoffnung eine Tugend ist. Trotz allen Übels, an dem der Mensch leidet, sollte er nicht die vergebliche Hoffnung hegen, dem Unglück noch zu entkommen, da dies seine Enttäuschung nur weiter verstärken würde.

Fassade 14:

1 – Ariadne und Theseus: Ariadne übergibt Theseus das Wollknäuel, mit dessen Hilfe er nach dem Sieg über den blutdürstigen Minotauros (stierköpfiger Mensch) wieder aus dem Labyrinth des Minotaurus herausfindet.

2 – Thetis und Achilleus: Der Halbgott Achilleus, Held des Trojanischen Krieges, empfängt aus den Händen seiner Mutter, der

Meeresnymphe Thetis (hier auf dem Rücken eines Delfins dargestellt) den legendären Schild, den Hephaistos, Gott des Feuers und der Schmiedekunst, eigens für ihn angefertigt hat.

3 – Ulysses und Diomedes entwenden das Palladium: Das Palladium ist in der griechischen Mythologie eine Statue, die von der Göttin Athene als Bildnis ihrer unglücklich durch sie getöteten Spielkameradin Pallas erschaffen wurde. Diese Statue, die versehentlich in die Hände von Ilos, dem Gründer Trojas, fiel, gewährleistet die Uneinnehmbarkeit der Stadt. Als Ulysses von einem trojanischen Gefangenen das Geheimnis der Unbesiegbarkeit Trojas erfährt, schickt er sich an, die wertvolle Statue mithilfe von Diomedes (der hier in seinen Armen zu sehen ist) zu stehlen. Diomedes ist hier mit einem von einer weiblichen Figur gekrönten Helm dargestellt. Vermutlich handelt es sich dabei um seine Schutzgöttin Athene, die ihm im fünften Buch der *Ilias* Weisheit, Mut und die Macht verleiht, zwischen Göttern und Sterblichen zu unterscheiden.

4 – Herakles und Prometheus: Zu den zwölf Aufgaben (Arbeiten), die Herakles (hier erkennbar an dem Löwenfell) erfüllen muss, um sich als den Göttern ebenbürtig zu erweisen, zählt in einigen Versionen des Mythos die Befreiung von Prometheus, der bestraft wurde, weil er den Menschen die göttlichen Attribute des Feuers und der Weisheit verschaffte. Zu Füßen des geretteten Prometheus sind die sterblichen Überreste des Adlers zu sehen, der auf ewig jeden Tag die sich immer wieder erneuernde Leber des Prometheus fressen sollte.

5 – Jason und Medea: Nach der Überlistung des Drachen, der das Goldene Vlies bewacht, nimmt Jason dieses von der Eiche ab, an der König Aietes es befestigt hatte. Dessen Tochter Medea hilft ihm anschließend bei der Flucht. Ganz in der Nähe der ersten Statue ist mit der dritten Statue an Fassade 15 eine weitere Darstellung von Jason mit dem Goldenen Vlies zu sehen.

Fassade 17:

Kleopatra: Die berühmte Königin Ägyptens ist hier in dem Moment dargestellt, in dem sie Selbstmord begeht, eine Szene, die Friedrich II. besonders faszinierte (s. auch S. 76). Nach einer militärischen Niederlage, die der politischen Souveränität Ägyptens ein Ende setzen sollte, soll sich Kleopatra der Legende nach durch den willentlich herbeigeführten Biss einer Giftschlange in die Brust getötet haben.

Fassade 24:

Aiolos: Gott des Windes, erkennbar vor allem an seinen aufgeblasenen Backen sowie an dem Balg, den er bei sich trägt.

DIE TEUFELSBRÜCKE

Eine in Vergessenheit geratene Fußgängerbrücke für die Soldaten des

Zwischen Am Teufelsgraben und Eichenallee

Ein Stück nördlich von Drachenhaus und Belvedere liegt außerhalb des Schlossparks Sanssouci, abseits der ausgetretenen Touristenpfade, die weitestgehend in Vergessenheit geratene Teufelsbrücke. Erbaut wurde sie einst zu militärischen Zwecken, worauf im Katharinenholz, einige Gehminuten weiter westlich, auch die Überreste einiger imposanter Schießstände hindeuten (s. S. 198).

Der kleine fünfbogige Steinviadukt überspannt einen alten, 1786 ausgehobenen Entwässerungs-graben. Die Gegend um Potsdam war seinerzeit extrem sumpfig und wurde vor allem bei starken Regenfällen, in deren Folge der Bornstedter See über die Ufer trat, häufig überschwemmt. Durch den Graben konnte überschüssiges Wasser in das Golmer Loch im Westen abgeleitet werden.

Die Idee, eine Brücke über den Graben zu errichten, war in erster Linie praktischer Natur. Unter Friedrich II. erlebte die Potsdamer Garnison einen starken Zuwachs, sodass der Exerzier- und Paradeplatz vor dem Potsdamer Schloss schon bald nicht mehr ausreichte und die Soldaten die Stadt immer wieder für ihre Manöver verlassen mussten.

So errichtete 1844 der Architekt Ludwig Persius aus Kalkstein aus dem östlich von Berlin gelegenen Rüdersdorf die Teufelsbrücke, um den Soldaten den Weg von den Potsdamer Kasernen auf das weite Bornstedter Feld im Norden der Stadt, aber auch zu den Schießübungsplätzen im Katharinenholz (s. S. 198) zu ermöglichen, ohne dass sie um den Bornstedter See und den Graben herumgehen mussten.

Friedrich Wilhelm IV. war ein glühender Anhänger der italienischen und römischen Architektur und genehmigte Persius' Pläne, der sich bei seinem Entwurf von einer ähnlichen Brücke – die ebenfalls den Namen Teufelsbrücke trägt – inspirieren ließ, die er sechs Jahre zuvor im Park Glienicke für einen Bruder des Königs gebaut hatte.

Auf sie geht auch der Name der neuen Brücke zurück. Der Graben selbst wurde ebenfalls umbenannt und war fortan als Teufelsgraben bekannt.

Heute wird die Teufelsbrücke (bzw. Teufelsgrabenbrücke) kaum noch genutzt und dient nur noch gelegentlich einigen Anwohnern aus der unmittelbaren Umgebung als Abkürzung.

Der englische Landschaftspark zwischen Krongut Bornstedt und Schloss Lindstedt

Wenngleich die Teufelsbrücke ursprünglich aus praktischen Erwägungen gebaut wurde, fügte sie sich doch gut in das größere Vorhaben von Friedrich Wilhelm IV. ein, durch Peter Joseph Lenné zwischen Krongut Bornstedt und Schloss Lindstedt, das der König als Alterswohnsitz nutzen wollte, einen weitläufigen englischen Landschaftspark anlegen zu lassen. Allerdings starb Friedrich Wilhelm IV. 1861 und wurde des Ergebnisses seiner Planungen nie mit eigenen Augen gewahr.

DIE JAGDGEDENKSTEINE IM WILDPARK

(21)

Der weiße Hirsch als Symbol der spirituellen Suche

Wildpark
RE1, RB20, RB21, RB22, RB23 (alle von Potsdam Hbf) Park Sanssouci; S7 (von Potsdam Hbf) Pirschheide + Bus 695 oder Tram 91 (beide von Pirschheide) Park Sanssouci

Der schöne Wald des rund 875 Hektar großen Wildparks verdankt seine Existenz im Wesentlichen dem Umstand, dreihundert Jahre lang den Herrschern von Brandenburg, Preußen und Deutschland als Jagdrevier gedient zu haben. Zwei Jagdgedenksteine sind Zeugnisse jener Zeit und verweisen auf zwei besondere historische Ereignisse.

Der Jagdgedenkstein Nord, etwas westlich des Forsthauses Nordtor, markiert den Ort, an dem Kaiser Wilhelm I. am 11. August 1884 im

Alter von 87 Jahren einen weißen Edelhirsch mit 12 Enden erlegte.

Etwas mehr als ein Jahr darauf soll auch sein Sohn, der damalige Kronprinz und spätere Kaiser Friedrich III., einen weißen Edelhirsch mit 16 Enden geschossen haben. Der „Jagdgedenkstein Süd", südwestlich der heutigen Käferburg, wurde jedoch erst nach 1888 aufgestellt, dem Jahr, in dem der schwer erkrankte Friedrich III. im Alter von 57 Jahren verstorben war.

Wenn Größe (und Anzahl der Enden) der Geweihe tatsächlich der Wahrheit entsprechen, dann muss es sich bei den beiden Hirschen um äußerst imposante Tiere gehandelt haben. Dennoch stellt sich die Frage, ob dies allein das Aufstellen der Gedenksteine rechtfertigt.

Was die Trophäen in diesem Fall so einzigartig machte, war die weiße Färbung des Hirschfells. Diese zeigt sich bei Hirschen infolge einer seltenen Genmutation, die als Leuzismus bezeichnet wird (nicht zu verwechseln mit dem Albinismus) und zum Verlust der natürlichen Haut- und Fellfarbe führt. Seit Menschengedenken gelten die seltenen weißen Hirsche als heilige Tiere. Die Kelten sahen in ihnen Boten aus dem Jenseits und glaubten, dass sie immer dann auftauchten, wenn jemand gegen ein religiöses Gebot verstoßen hatte. Jäger töten sie nur selten – aus Angst, dies könnte ihnen Unglück und den eigenen Tod bringen. In manchen Legenden taucht der weiße Hirsch auch als Symbol höchster Weisheit auf, so in der Artussage, in der König Artus vergeblich nach dem weißen Hirsch – der unerreichbaren Weisheit – sucht.

© Presse03

Vermutlich maßen Kaiser Wilhelm I. und sein Sohn der Tötung des weißen Hirsches mit Blick auf diese Legende derart große Bedeutung zu, dass sie sich im Zustand einer spirituellen Erhabenheit wähnten, die nicht einmal König Artus vergönnt war.

Im Christentum taucht der weiße Hirsch mehrmals als Inkarnation Christi auf – unter anderem in den Bekehrungen des heiligen Hubertus und des heiligen Eustachius (vgl. dazu den Text über den Hirschkopf auf dem Giebel der Kirche Sant'Eustachio in Rom im Reiseführer *Verborgenes Rom* im selben Verlag).

Ursprünglich stammt der europäische weiße Hirsch wohl aus Indien: Im Jahr 1780 schenkte ein indischer Maharadscha der Böhmischen Krone einige weiße Hirsche, die sich dort besser vermehrten als in ihrem Heimatland.

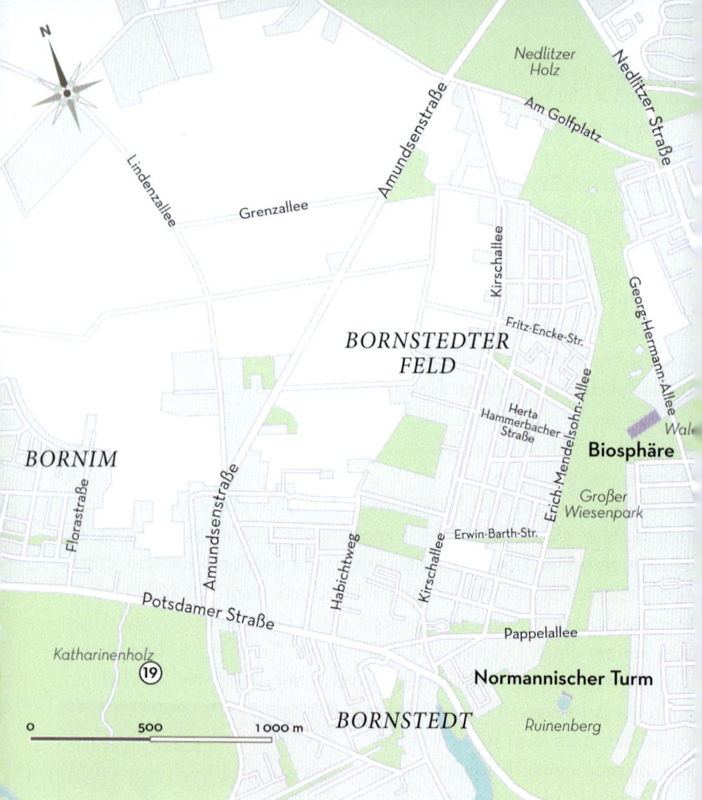

Nauener Vorstadt

Heilandskirche
Königswald
Jungfernsee
Bertinistr.
Schloss Cecilienhof
Schloss Glienicke
Belvedere Pfingstberg
Gr. Weinmeisterstr.
Am Neuen Garten
Neuer Garten
Villa Schöningen
Menzelstr.
GLIENICKER BRÜCKE
Rotes Haus
BERLINER VORSTADT
Pomonatempel
Pyramide
NAUENER VORSTADT
Heiliger See
L.-da-Vinci-Str.
L.-Richter-Str.
Berliner Straße
Schloss Babelsberg
Marmorpalais
Orangerie
Seestraße
Mühlenweg
Puschkinallee
Am Schragen
Tiefer See
Park Babelsberg
Mangerstraße
Helmholtzstr.
Russische Kolonie Alexandrowka
Gotische Bibliothek
Flatowturm
BABELSBERG
Behlerstraße
Gärtnerei
Jägerallee
Friedrich-Erbert-Str.
Kurfürstenstr.
HUMBOLDT-BRÜCKE
Kindermannsee

STERNENHIMMEL IN DER VILLA SCHÖNINGEN

1

Schinkels Sicht auf Mozarts Zauberflöte

Berliner Straße 86
Café: Freitag bis Sonntag von 11 –18 Uhr
Ausstellung: Freitag bis Sonntag von 12 –18 Uhr
Tram 93 (von Potsdam Hbf) Glienicker Brücke

Den Treppenaufgang zu den Ausstellungsräumen der Villa Schöningen zieren diskret goldene Sterne auf weißem Grund. In einer nachtblauen Nische steht eine Büste von Friedrich Schinkel (1781–1841).

Der bereits auf den ursprünglichen Plänen verzeichnete Sternenhimmel ist eine Hommage an den großen preußischen Baumeister Schinkel, zu

dessen berühmtesten Schülern der Architekt der Villa, Friedrich Ludwig Persius (1803–1845), zählte. Die Darstellung im Treppenaufgang ist ein Verweis auf das wohl markanteste Werk Schinkels aus dem Jahr 1815, bei dem es sich interessanterweise nicht um ein Gebäude handelt, sondern um einen Teil des Bühnenbildes für eine Aufführung von Mozarts *Zauberflöte*: Gemeint ist der Sternenhimmel der Königin der Nacht, der das Verständnis dieser mit freimaurerischen Symbolen und Botschaften gespickten Oper um eine neue Dimension erweiterte.

Das Bühnenbild zeigt eine von Sternen gekrönte Göttin in dunkelblauem Gewand, stehend auf einem Halbmond. Nach traditioneller freimaurerischer Lesart verkörpert die Königin der Nacht die Göttin Isis. Der persönliche Beitrag Schinkels, dessen Darstellung knapp 25 Jahre nach der Uraufführung der *Zauberflöte* im Jahr 1791 entstand, bestand darin, mit der Andeutung, es handele sich nicht um die Göttin Isis, sondern um deren Mutter, eine etwas andere Interpretation der Identität dieser zentralen Figur aus Mozarts Oper anzubieten.

In Schinkels nachtblauem Sternenhimmel erkannte damals das Publikum, das nach Napoleons Ägyptenfeldzug von der in ganz Europa herrschenden Ägyptomanie ergriffen war, sofort einen Verweis auf Nut, die ägyptische Göttin des Himmelsgewölbes, die häufig mit bogenartig über die Erde gewölbtem Leib – Blau mit gelben Sternen oder umgekehrt – dargestellt wird. Der altägyptischen Mythologie zufolge soll die Göttin Nut zusammen mit ihrem Gemahl Geb (Gott der Erde) fünf Kinder zur Welt gebracht haben, darunter Isis und Osiris, durch die sie zu herrschen hoffte.

Nähere Informationen über die Oper *Die Zauberflöte* und Mozarts Verbindungen zu den Freimaurern auf Seite 128.

An dem Gebäude Am Bassin 10 erinnert eine Gedenktafel über der Tür an einen Aufenthalt von Wolfgang Amadeus Mozart in Potsdam im April 1789. Auf der Suche nach einer Anstellung am Hofe von König Friedrich Wilhelm II. kam er einige Tage bei dem Waldhornisten Karl Türrschmidt unter, der damals irgendwo am Bassinplatz wohnte. Die genaue Adresse ist unbekannt.

Der nachtblaue Sternenhimmel am U-Bahnhof Museumsinsel

Der im Juli 2021 eröffnete U-Bahnhof Museumsinsel in Berlin-Mitte wurde in Erinnerung an Schinkels Bühnenbild für die *Zauberflöte* ebenfalls mit einem nachtblauen Sternenhimmel ausgestaltet.

Die Zauberflöte, *eine insgeheim Cagliostro gewidmete Freimaureroper*

Nach seiner Aufnahme bei den Freimaurern im Jahre 1784 finden sich in Mozarts Werk immer wieder Hinweise auf das der breiten Öffentlichkeit unbekannte Initiationsritual der Freimaurer. Die Oper *Die Zauberflöte* ist dafür ein wunderbares Beispiel. In diesem Initiationswerk kommt Sarastro die Rolle des Cagliostro zu, des großen Adepten, dem Mozart seine Oper insgeheim widmete. Mozart schildert in seiner einzigartigen Oper die alten ägyptischen Initiationsmysterien, die innerhalb der Logen in verschiedenen Freimaurerzeremonien ihren Widerhall finden, und beschreibt auf meisterliche Art und Weise die freimaurerische Tradition und den Weg der Initiation hin zum höheren Wissen. Das alles ist kein Zufall: *Die Zauberflöte*, eine Oper in zwei Aufzügen, ist eine Komposition von Wolfgang Amadeus Mozart. Das deutsche Libretto stammt aus der Feder von Emanuel Schikaneder, einem Weggefährten Mozarts aus dessen Freimaurerloge. Der erste Aufzug der Zauberflöte beginnt mit einer furchtbaren Schlange, die Tamino verfolgt. Aus okkulter Sicht handelt es sich um die Schlange, die Gefühl und Leidenschaft des Anwärters auf spirituelle Initiation auf die Probe stellt. Von der Gefahr erschöpft, fällt Tamino in Ohnmacht.

Die drei Damen (die symbolhaft für die Tugenden der Weisheit, der Liebe und der Gerechtigkeit stehen) kommen Tamino zu Hilfe, besiegen die Schlange und informieren die Königin der Nacht (Isis, Symbol der Wahrheit) über die Anwesenheit des jungen Mannes in ihrem Königreich. Als Tamino wieder bei Bewusstsein ist, vernimmt er, wie Papageno singt und die Flöte (Symbol für die schöpferischen Klang der Harmonie) spielt. Papageno (halb Mensch, halb Vogel als Symbol der elementaren Natur) belügt Tamino und sagt ihm, er habe ihn vor der Schlange gerettet. Unvermittelt treten die drei Damen erneut in Erscheinung, um Papageno für seine Lüge zu strafen, und übergeben ihm ein Bildnis von Pamina (dem weiblichen Pendant von Tamino), in das sich Papageno alsbald verliebt.

Die Königin der Nacht tritt auf und bittet Tamino, ihre Tochter Pamina zu befreien, die von Sarastro gefangen gehalten wird.

Die Damen erlösen Papageno und erhalten ein Glockenspiel (Symbol der Freude) sowie eine Flöte mit magischen Kräften (Symbol des Glücks). Drei Knaben (Stärke, Kühnheit und Mut) führen sie durch die Gefahren, die auf ihrem Weg liegen und Initiationsprüfungen gleichkommen.

In Sarastros Tempel (Symbol der Weisheit und spirituellen Erhebung) wird Pamina von Monostatos (in Gestalt des Minotaurus, eines

Wesens mit menschlichem Körper und Stierkopf, das in seinem Labyrinth auf Kreta lebt) bewacht. Papageno findet Pamina und informiert sie, dass sie von Tamino befreit werden wird. Gemeinsam machen sie sich auf die Suche. Die drei Knaben führen Tamino zum Tempel. Unterwegs spielt er die Flöte und zähmt durch ihren Klang die Tiere der Wildnis. Monostatos (als Bestiengestalt, von Okkultisten als „Hüter der Schwelle" bezeichnet) und seine Sklaven (denen die Initiation missglückt ist und die zu Dienern eben jenes Hüters werden) sind Pamina und Papageno auf den Fersen, beginnen jedoch beim Klang des Glockenspiels zu tanzen und verschwinden schließlich. Mit Trompetenklängen hält Sarastro Einzug, imposant und göttlich, umgeben von unsichtbaren Mächten. Pamina (die jungfräuliche Seele) erzählt Sarastro, dass sie geflohen sei, nachdem sie von Monostatos bedrängt worden war (die wilde Leidenschaft, die Laster, die das Weltliche beherrschen). Dieser trifft mit einem Gefangenen – Tamino – ein. Sarastro verbannt Monostatos aus der Bruderschaft (der Weisen) und erlegt Pamina und Tamino Prüfungen auf, damit sie in die Bruderschaft der Eingeweihten aufgenommen werden können.

Im zweiten Aufzug unterrichtet Sarastro die Priesterschaft über sein Vorhaben der Initiation Taminos und bittet die Götter darum, den Weg der jungen Seelen auf ihrer Suche nach Weisheit zu erleuchten. Unter seinem Schutz soll Pamina zur Gemahlin Taminos werden (die wahre Verbindung von Geist und Seele, auf der auch das Konzept der philosophischen Vermählung der alten Rosenkreuzer beruht). Pamina schläft ein (Betäubung der Sinne), während Monostatos infrage stellt, ob ihr dieselben Rechte wie den anderen gebühren (versteckte Anspielung auf ihr weibliches Geschlecht, aufgrunddessen sie aus seiner Sicht nicht geeignet ist, die Initiation zu erfahren). Sie wird von der Königin der Nacht (der göttlichen Weisheit, Isis bzw. Sophia) festgehalten, die ihr einen Dolch übergibt und ihr aufträgt, Sarastro zu töten (Allegorie des Schülers, der seinen Meister tötet, wie im Fall des phönizischen Baumeisters Hiram Abif, wodurch der Schüler seinem Meister ebenbürtig und durch seinen persönlichen Einsatz zum idealen Adepten wird).

Sarastro und seine Priester geleiten Tamino und Papageno zu ihrer ersten Prüfung: einem Schweigegebot, das es ihnen auch verbietet, mit Frauen zu sprechen (sprich, der Leidenschaft nachzugeben). Als er Pamina begegnet, widersteht Tamino der Versuchung, mit ihr zu sprechen, und lässt sie enttäuscht zurück. Beim Anblick von Papagena kann Papageno indes nicht widerstehen (emotionale Seite der Psyche): Er spricht mit ihr und besteht die Prüfung nicht. In der Zwischenzeit beschließt die verzweifelte Pamina, aus dem Leben zu scheiden, wird jedoch von den drei Knaben gerettet und über die Situation aufgeklärt (es geht darum, den „Tod zu töten", das Bewusstsein der Unsterblichkeit von Körper und Seele zu erlangen). Gemeinsam gehen Pamina und Tamino die letzten Prüfungen an – die Feuerprobe (Männlichkeit, Sonne, Schöpfer) und die Wasserprobe (Weiblichkeit, Mond, Schöpfung) – und werden schließlich in die Bruderschaft (der idealen Philosophen und Androgynen, die Geist und Seele auch im Körper vereinen) aufgenommen.

In einem letzten Aufbegehren erscheint die Königin der Nacht mit ihren drei Damen und Monostatos und versucht, Sarastro die Macht streitig zu machen, doch das Licht der Weisheit verwandelt das Böse und umhüllt schließlich alle mit dem Klang der Zauberflöte.

Mozart als Freimaurer

Wolfgang Amadeus Mozart wurde am 14. Dezember 1784 als Lehrling in die Wiener Freimaurerloge *Zur Wohltätigkeit* aufgenommen.

Am 7. Januar 1785 wird er zum Gesellen und nur kurze Zeit später, am 22. April 1785, zum Meister befördert. In den Archiven der Loge taucht er fortan als Maurermeister auf.

Gleichzeitig nimmt Mozart auch an den Versammlungen der Loge *Zur wahren Eintracht* teil, in die er durch den Mineralogen und Metallurgen Ignaz Edler von Born (1742–1791) eingeführt wurde. Mozarts Loge *Zur Wohltätigkeit* schließt sich im Dezember 1785 infolge der im selben Monat erlassenen kaiserlichen Freimaurerreform zwei weiteren Logen an, woraufhin Mozart außerdem der Loge *Zur neugekrönten Hoffnung* angehört.

Wie der Sohn, so der Vater

Auf Anregung von Wolfgang Amadeus Mozart schließt sich auch sein Vater Leopold Mozart den Freimaurern an. In der vom ehrenwerten Meister Ignaz Edler von Born geleiteten Wiener Loge Zur Wohltätigkeit wird Leopold Mozart am 6. April 1785 als Lehrling aufgenommen. Schon am 16. April desselben Jahres wird er im Rahmen zweier Zeremonien im Beisein seines Sohnes Wolfgang Amadeus zum Gesellen befördert. Zwei Tage später treffen sich Vater und Sohn in der Loge, um ihrem Meister Ignaz Born die Ehre zu erweisen, für den Wolfgang Amadeus Mozart die Kantate K 471 (*Die Maurerfreude*) komponiert hat. Am Tag nach dem Konzert macht sich Leopold auf den Weg nach Salzburg. Er wird seinen Sohn nie wiedersehen.

Amadeus: „Freund Gottes“

Johannes Chrysostomus Wolfgang Theophilus Mozart wurde am 27. Januar 1756 in Salzburg geboren und starb in Wien am 17. Dezember 1791.

Er selbst zog die lateinische Version Amadeus seinem griechischen Vornamen Theophilus („Freund Gottes“), der ihm zu Ehren seines Paten Johannes Theophilus Pergmayr gegeben worden war, vor.

DIE ALTE AUTOWERKSTATT AN DER GLIENICKER BRÜCKE

②

Ein kleines, aber exquisites Automobilmuseum

Berliner Straße 88
Tram 93 (von Potsdam Hbf) Glienicker Brücke

An der Berliner Straße, ganz in der Nähe der Glienicker Brücke, befindet sich das Bistro Garage du Pont, das 2012 in einer alten Tankstelle aus den 1930er-Jahren eingerichtet wurde. Der Citroën 15/6 vor dem Eingang sowie die beiden original erhaltenen Big-Ben-Zapfsäulen in leuchtendem Orange ziehen unweigerlich die Blicke auf sich.

Im weithin beliebten Bistro Garage du Pont gibt es ein kleines Automobilmuseum. Auf Anfrage kann die große Museumshalle in der alten Werkstatt besichtigt werden. Sie präsentiert unerwartete Schätze wie ein schwarzes Simca 8 Sportcabriolet aus den 1950er-Jahren. Außerdem sind verschiedene Sammlerobjekte wie eine Reihe von Emaille-Werbeschildern zu sehen, die eine Passion des Inhabers für das Frankreich der 1930er- bis 1960er-Jahre und insbesondere für die französische Automobilgeschichte dieser Zeit vermuten lassen.

Der Gründer der Garage du Pont, der große Auto- und Frankreichliebhaber Kai Desinger aus Potsdam, hat sich inzwischen zur Ruhe gesetzt. Die Sammlung, die er in den Jahren, in denen er zwischen

Potsdam und Aix-en-Provence lebte, zusammentrug, wollte er der Öffentlichkeit nicht vorenthalten. Auf der Suche nach geeigneten Ausstellungsräumen stieß er 2012 auf die alte Tankstelle in der Berliner Straße.

Die historische Anlage war seit dem Mauerbau 1961 nicht mehr in Betrieb gewesen und erhielt im Zuge der Sanierung auch zwei originale Zapfsäulen aus der Mitte des 20. Jahrhunderts zurück, die den gesamten Kalten Krieg in einem Dorf in Brandenburg überdauert hatten.

Um die finanziellen Mittel für den Erhalt des kleinen Museums zu erwirtschaften, entstand schließlich das heutige Bistro.

Die alte Tankstelle an der Glienicker Brücke ist eine der letzten in Deutschland noch erhaltenen Tankstellen aus den 1930er-Jahren. Erbaut wurde sie in den Jahren 1937/38 von den Potsdamer Architekten Otto von Estorff und Gerhard Winkler, die zwischen Ende der 1930er-Jahre und Ende des Zweiten Weltkriegs das renommierteste Architekturbüro in Potsdam betrieben.

An dem Tisch gleich rechts neben dem Eingang sitzt man als Gast auf der umfunktionierten Rückbank eines Citroën DS, Baujahr 1968.

DIE RINGE AN DER TREPPE DES RESTAURANTS KONGSNAES

③

Ein roter Teppich für den Kaiser

Schwanenallee 7D
Tram 93 (von Potsdam Hbf) Glienicker Brücke

Das am Jungfernsee gelegene Restaurant Kongsnaes („Halbinsel des Königs“ von norw. *konge* „König“ und *naes* „Landzunge“) bietet seinen Gästen über eine Steintreppe, deren Stufen bis ins Wasser hineinreichen, direkten Zugang vom Gastraum aus zu anlegenden Booten. Auf jeder Stufe befinden sich in Zweierpaaren verankerte, verwitterte Metallringe. Es handelt sich dabei um die Ösen der Treppenstangen, an denen einst der rote Teppich für Wilhelm II. und seine Ehrengäste befestigt wurde – und eines der letzten im Originalzustand erhaltenen Relikte der Aufbauten, die hier für den letzten deutschen Kaiser errichtet worden waren.

Brandenburg ist reich an Gewässern, sodass der Kaiser vor allem zu Vergnügungszwecken häufig per Boot unterwegs war. Seit 1842 befand sich an dieser Stelle im äußersten Norden der Berliner Vorstadt eine Anlegestelle, an der manch berühmtes Schiff ankerte, namentlich die legendäre Luxusfregatte *Royal Louise*. Da die Besatzung vor Ort lebte, entstand schon bald wie von selbst der Name „Matrosenstation“.

Das bauliche Ensemble in seiner heutigen Form mit dem Restaurant Kongsnaes und den drei u-förmig angelegten Gebäuden auf der anderen Straßenseite geht auf Wilhelm II. zurück. Der begeisterte Seefahrer ließ

dort sein Lieblingsschiff, die Dampfyacht *Alexandria*, stationieren, auf der er zahlreiche namhafte Gäste empfing, unter ihnen die Könige von Schweden, Portugal und Italien sowie Franz Joseph I., Kaiser von Österreich und König von Ungarn.

Diese diplomatischen Missionen waren schließlich Anlass für den Bau eines der hohen Gäste würdigen Empfangspavillons. Aufgrund seiner großen Faszination für die norwegischen Fjorde, die er ab 1789 mehrmals besuchte, ließ Wilhelm II. die Ventehalle (norw. „Wartehalle") im damals angesagten norwegischen Drachenstil errichten, der von alten Wikingerschiffen und mittelalterlicher skandinavischer Kunst inspiriert ist. Am Eingang prangte in goldenen Lettern die Inschrift „Kongsnaes". Nachdem die Gebäude gegen Ende des Zweiten Weltkriegs vollständig niedergebrannt waren, teilte die Berliner Mauer das Grundstück zu DDR-Zeiten in zwei Hälften.

In den 2000er-Jahren begann man mit der originalgetreuen Sanierung der gesamten Anlage. Erhalten geblieben sind vom ursprünglichen Gebäudekomplex lediglich die Bastionen und die Treppe sowie die drei Häuser für das Personal, in denen sich heute Wohnungen befinden. Die Bootshäuser westlich der Ventehalle gingen verloren und wurden nicht wieder aufgebaut.

Der im Jahr 2000 von einem norwegischen Tischler nach historischem Vorbild neu errichtete Torbogen wurde 2020 von einem Müllfahrzeug beschädigt. Seit 2022 ziert ein erneuter, vereinfachter Nachbau die Einfahrt zur Ventehalle.

DAS HISTORISCHE SCHILD DER ERMITAGE

Die Acht als Schlüsselzahl

Neuer Garten
Tram 92, 96 (beide von Potsdam Hbf) Reiterweg/Alleestraße

Die von Hofzimmermeister Johann Gotthard Brendel (1753-1803) ausgeführte Eremitage oder Einsiedelei wurde als eines der letzten Gebäude im Neuen Garten 1796 fertiggestellt. Nach dem Mauerbau brach man den Pavillon 1964 ab, da er sich nahe des Grenzstreifens befand. Seit 2007 befindet sich über dem erhaltenen Sockel die rekonstruierte Außenschale des Gebäudes aus Eichenborke.

Ein Aufsteller mit einem historischen Foto vermittelt einen Hauch des einstmals kostbar ausgestatteten Innenraums. Im Zentrum des schwarz-weiß gefliesten Marmorbodens war eine Weltkarte aus farbigem Marmor eingelassen, die an die sogenannten Arbeitsteppiche in den Logen der Freimaurer erinnerte. Die hölzerne Wandverkleidung ähnelte den Wänden des Schlafzimmers und des Arbeitsraums des Königs im Marmorpalais. Hier waren rosenkreuzerische Symbole zu finden – etwa Rose, Zirkel, Winkelmaß und Hammer, eine Amillarsphäre (astronomisches Gerät zur Darstellung der Bewegung der Himmelskörper) als Zeichen für die rosenkreuzerische Arbeit der Welterkundung sowie eine Laterna Magica (Vorläufer der Dia- und Filmprojektoren). Die besondere Beleuchtung durch das Spiegelglas des Oberlichts wird in der Literatur des 18. und 19. Jahrhunderts hervorgehoben.

Wie in der Grotte (s. S. 140) fanden wohl auch in der Eremitage geheime Sitzungen statt, und im abgeschirmten Inneren dieses kleinen Gebäudes konnte Friedrich Wilhelm seinen rosenkreuzerischen Verwandlungsprozess kontemplativ nachvollziehen.

J
B
G

Wandte man den Blick zur Decke, sah man, wie auf dem historischen Foto zu erkennen ist, ein Deckengemälde mit den Planetengöttern. Interessanterweise sind auf dem Gemälde acht Götter dargestellt statt der üblichen sieben Götter – Apoll, Luna, Jupiter, Saturn, Mars, Venus, Merkur –, die den sieben Metallen Gold, Silber, Zinn, Blei, Eisen, Kupfer und Quecksilber zugeordnet sind. Uranus, der achte der Planetengötter, dem das Edelmetall Platin zugewiesen wurde, galt als ein Gott der ersten Generation in der griechischen Mythologie und symbolisiert das Himmelsgewölbe. Die Acht ist zudem das Symbol der Erleuchtung und Vollendung – und letztlich das Ziel aller Bestrebungen der Gold- und Rosenkreuzer.

Zur Erinnerung: Die Motivation, den Neuen Garten anzulegen, war Friedrich Wilhelms Einweihung in den achten Grad der Bruderschaft (s. S. 172).

Eine Anspielung an das Grab des Christian Rosenkreuz

Die Ermitage bezieht sich formal auf das Grabgewölbe von Christian Rosenkreuz, dem legendären Gründers des Ordens. Berichten zufolge soll sein Grab von einer Kuppel mit sieben Dreiecken überwölbt worden sein. Der Raum soll sieben Seitenwände und Ecken besessen haben, der Fußboden in sieben Dreiecksfelder aufgeteilt gewesen sein, und der fensterlose Raum von einem sonnenartigen Licht erhellt worden sein.

Der alchemistische Rosenkreuzerroman *Chymische Hochzeit* beschreibt auch die Einweihung des Christian Rosenkreuz: Sieben Tage dauerte die Einweihung. Am dritten Tag soll Rosenkreuz dem begehbaren Globus begegnet sein, von dem er so fasziniert war, dass er zu spät zum Essen erschien.

Der vom Astronomen Wilhelm Herschel (1738–1822) 1781 entdeckte Planet erhielt den Namen Uranus. In ebendiesem Jahr fand Friedrich Wilhelms Aufnahme in den Rosenkreuzerorden statt.

Ursprünglich bildeten Äste um den Eingang herum den Buchstaben „W“ – wie Wilhelm, der zweite Vorname des Königs. Immer wieder werden Bezüge zwischen Zeichen, die rosenkreuzerisch relevant waren und der persönlichen Erfahrungswelt des Königs hergestellt.

DIE GEHEIMNISSE DER GROTTE IM NEUEN GARTEN

5

Ein Ort, um Geister zu beschwören?

Neuer Garten – Tram 92,96 (von Potsdam Hbf) Reiterweg/Alleestraße

Im Neuen Garten direkt am Jungfernsee, zwischen wischen Schloss Cecilienhof und Meierei, stößt man auf die Chrystall- und Muschelgrotte. Sie entstand 1792 nach Plänen von König Friedrich Wilhelm II., im gleichen Jahr wie die Pyramide (s. S. 150). An der Decke des östlichen Eingangsschachtes zur Grotte – und das ist sicher nicht zufällig – erkennt man aus roten Mosaiksteinen zusammengesetzt die Reste des alchemistischen Symbols für Salmiak (ägyptisch: „Salz des Ammon"), das verborgene Bezüge zur Pyramide im Neuen Garten und dessen alchemistischer Symbolik herstellt.

Ein zentraler Hauptsaal und zwei ihn flankierende Räume befinden sich im Inneren der Grotte. Bemerkenswert ist der dreigeteilte Innenraum, dessen Wände ursprünglich einmal kostbar mit Spiegeln, Muscheln und verschiedenfarbigen Mineralien ausgekleidet waren.

Eine große Muschel, die heute verloren ist, schmückte die hintere Wandnische des zentralen Raumes. Könnte diese Jakobsmuschel eine Anspielung auf den Jakobspilgerweg gewesen sein? Das ist wahrscheinlich, denn Friedrich Wilhelm II., der beabsichtigte, das Ur-Christentum in Preußen wiederzubeleben, betrachtete das Pilgern

als Form der spirituellen Reise und des religiösen und persönlichen Wachstums. Im Schlafzimmerschrank des Marmorpalais verwahrte der König seine geheime „Rosenkreuzerbibliothek". Hier befanden sich unter anderen das Gesamtwerk des christlichen Mystikers Jakob Böhme und Schriften der Herrnhuter Brüdergemeine, die ebenfalls ein Leben nach dem Vorbild der Jerusalemer Urgemeine anstrebte.

Steht man an der Ostseite der Grotte vor ihrem sich perspektivisch verengenden Eingangsschacht, ahnt man nichts von ihrem Geheimnis: Die Wände sind doppelwandig angelegt, wie der Grundriss der Grotte erkennen lässt. Dadurch entsteht ein geheimer Gang, in dem man unbemerkt akustische Phänomene erzeugen kann.

Das alchemistische Symbol an der Decke des östlichen Eingangsschachtes der Grotte, das besondere akustische Phänomen sowie drei heute verloren gegangene Spiegel im Inneren lassen eindeutig darauf schließen, dass in der Grotte einst rosenkreuzerische Rituale stattfanden. Hinzu kamen Hohlspiegel und Apparaturen, um Nebel zu erzeugen. Ein Bauchredner gab dem Jenseits eine „Stimme", begleitet von sphärischem Gesang und Glasharmonika- oder Harfenmusik. So versetzten sich die Brüder in einen übersinnlichen Zustand und machten die Geister „sicht-" und „hörbar". Der Schriftsteller Theodor Fontane (1819–1898) schildert eine solche spritistische Sitzung in der ebenfalls doppelwandigen „Blaue Grotte" von Marquardt, die im Besitz von Hans Rudolf von Bischoffwerder war, einem Rosenkreuzerfreund des Königs.

Bei diesen Sitzungen war das gemeinsame Speisen ein wichtiges Ritual – man denke an die Tafellogen der geheimen Gesellschaften, aber auch an das christliche Abendmahl und die „Bildsprache" von Jakob Böhme, der sowohl Klang- als auch Geschmacksbilder (etwa scharf, süß) hinzuzieht, um seine spirituellen Erfahrungen zu beschreiben. So errichtete man folgerichtig in Grottennähe ein Küchengebäude, ein Borkenhäuschen, das 1958 abgebrochen wurde. Die Außenhaut dieses Baus rekonstruierte man in den Jahren 2010 bis 2012 über dem erhaltenen Fundament. Auf dem Dach des Borkenhäuschens steht ein merkwürdiger metallener Schornstein in Form eines Baumstamms, auf dem eine Eule sitzt. Als Begleiterin der Göttin Minerva gilt die Eule als Symbol der Weisheit. Diese zu erlangen, war Ziel der Rosenkreuzer. Sie selbst sahen den Nachtvogel aber auch als „Bild" für die geistige Finsternis, die außerhalb des Ordens herrscht.

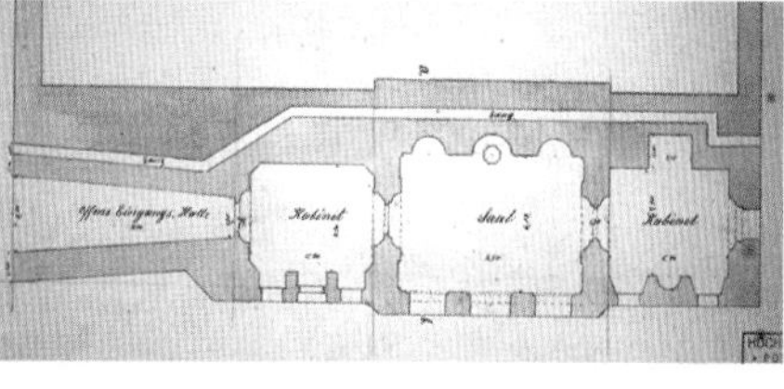

DIE SCHORNSTEINE VON SCHLOSS CECILIENHOF

6

Nachbildungen der Schornsteine des Londoner Hampton Court Palace

Im Neuen Garten 11
Tram 92, 96 (von Potsdam Hbf) Reiterweg/Alleestraße

Das Dach von Schloss Cecilienhof ziert eine große Vielfalt auffallender Schornsteine. Was es mit ihnen genau auf sich hat, weiß kaum ein Besucher. Das Gebäudeensemble von Cecilienhof wurde in den Jahren 1913 bis 1917 im Tudorstil errichtet, der letzten Periode der englischen Architektur des Mittelalters, die Ende des 19./Anfang des 20. Jahrhunderts ein Revival erlebte. Als Reaktion auf die Mechanisierung der Produktion, die den Untergang der Individualität (von Gestalter und Produkt gleichermaßen) besiegelte, machte es sich das um 1850 in England entstandene Arts and Crafts Movement zur Aufgabe, mittelalterlich inspirierte Handwerksmethoden neu zu beleben, um so das Bewusstsein für den Wert von Einzelstücken wieder zu stärken. In Kontinentaleuropa zeigte der Jugendstil mit seinen verschiedenen Strömungen auf Grundlage eines ähnlichen Verständnisses auf, wozu Maschinen in der Fertigung nicht in der Lage waren.

Ursprünglich hatten Kronprinz Wilhelm und seine Gemahlin Cecilie, für die der neue Schlossbau bestimmt war, zum Secessionsstil tendiert, der damals als Strömung des Jugendstils im deutschen Kaiserreich stark in Mode war. Nach Hinzuziehen des Architekten Paul Schultze-Naumburg, der die englische Baukunst von einer Studienreise kannte, entschieden sie sich jedoch für ein Palais im englischen Landhausstil nach Vorbild der Arts-and-Crafts-Bewegung. Besonderen Wert legten sie dabei auf den Tudor-Touch der Schornsteine. Warum diese Kehrtwende? Mit dem Cecilienhof beabsichtigte das Kronprinzenpaar, mit einer jahrhundertealten Tradition des Hauses Hohenzollern zu brechen. Seit dem 17. Jahrhundert war Potsdam stets Zweitwohnsitz der Herrscher von Brandenburg und Preußen gewesen, eine Sommerresidenz, deren zahlreiche Paläste und Schlösser aus ebendiesem Grund nie mit adäquaten Heizungsanlagen ausgestattet worden waren. Kronprinz Wilhelm und Kronprinzessin Cecilie wollten Potsdam jedoch zu ihrem Hauptwohnsitz machen. Dieser

Schornsteine des Hampton Palace

Bruch rief ihnen – beziehungsweise dem Architekten – den englischen König Heinrich VIII. und dessen Londoner Schloss Hampton Court Palace in Erinnerung.

Und in der Tat: Die im Tudorstil gestalteten Schornsteine von Schloss Cecilienhof sind jenen von Hampton Court nachgebildet. Wie raffinierte Schmuckstücke erinnern ihre verschiedenen Motive an die Ziersäulen gotischer Kathedralen, was vermutlich kein Zufall ist: Bevor Heinrich VIII. Hampton Court zu seiner Residenz machte, hatte sein Berater Thomas Wolsey, seinerzeit Erzbischof von York, das Gut nach seinen Vorstellungen ausgebaut.

Doch warum legte der Architekt solchen Wert auf ein architektonisches Element, das angesichts seiner Funktion doch eher untergeordneter Natur war? Brennstoffe waren teuer und Wärme wertvoll. Während des gesamten Mittelalters spielte sich das häusliche Leben größtenteils um eine zentrale Feuerstelle herum ab, die unter anderem für angenehme Wärme sorgte. Der Gemeinschaftsraum mit dieser Feuerstelle musste folglich geräumig sein und aufgrund der Rauchentwicklung über eine hohe Decke verfügen. Als mit der Renaissance jedoch der Individualismus Einzug hielt, stieg

das Bedürfnis nach mehr Etagen und privaten Räumlichkeiten. Doch wie sollten diese naturgemäß kleineren und weniger hohen Räume beheizt werden, ohne dass man darin zu ersticken drohte? Die Lösung waren Schornsteine, durch die der Rauch in einem natürlichen Prozess aus jenen Zimmern entweichen konnte, in denen er sich nur schwer von selbst auflöste. Zunächst handelte es sich bei Schornsteinen infolgedessen eher um ein Prestigesymbol, das nach außen hin Aufschluss darüber gab, wie viele Zimmer eines Gebäudes man sich zu beheizen leisten konnte. Der Wunsch nach möglichst vielen, wie im Tudorstil individuell gestalteten, Schornsteinen wuchs. Hampton Court markiert in dieser Hinsicht einen Wendepunkt. Die Dächer des bevorzugten Aufenthaltsorts von Heinrich VIII., der dort teilweise bis zu 1000 Kurtisanen samt Dienerschaft beherbergte, zieren 241 fein ziselierte Schornsteine, die prahlerisch zur Schau stellten, dass hier jeder komfortabel untergebracht war. Und auch auf Schloss Cecilienhof zeigten die vielen augenfälligen Schornsteine durch den historischen Verweis auf Heinrich VIII. und Hampton Court Palace allen, dass man in einem Potsdamer Palais erstmals einen angenehmen Winter verbringen konnte.

DIE MAIKÄFER AN DER VILLA MIRBACH

⑦

Ein verborgener Hinweis auf das Regiment des Hausherren

Am Neuen Garten 25
Tram 92, 96 (beide von Potsdam Hbf) Reiterweg/Alleestraße

Über der Toreinfahrt zur Villa Mirbach Am Neuen Garten 25 prangt das Familienwappen der Mirbachs: ein Schild mit einem Hirschgeweih, darüber der Helm einer Ritters mit geschlossenem Visier. Zu beiden Seiten des Wappens sind Tücher drapiert, an deren Enden zwei große Insekten sitzen, die auch beiderseits der Fenster im obersten Stockwerk zu finden sind.

Es handelt sich hierbei um zwei Maikäfer und damit einen Verweis auf den Freiherren von Mirbach, Oberhofmeister von Kaiserin Auguste Viktoria (1858–1921) und seit 1883 Eigentümer der Villa. Dieser hatte im Garde-Füsilier-Regiment des Kaisers gedient, das im Volksmund Maikäfer-Regiment genannt wurde. Dieser Spitzname geht wohl auf Kinder zurück, die immer, wenn das in Spandau stationierte zweite Bataillon des Regiments im Mai zum alljährlichen Zusammentritt des Regiments in Potsdam vorbeizog, an der Straße von Spandau nach Potsdam standen und die Soldaten mit dem Ruf begrüßten: „Die Maikäfer, die Maikäfer!“

Die Villa wurde 1874 erbaut und in den Jahren 1883/84 durch ihren neuen Eigentümer Ernst Freiherr von Mirbach, dessen Nachfahren noch heute in der Villa leben, umgebaut. Einen 50 Jahre währenden Einschnitt brachte der Kalte Krieg mit sich. Die Sowjetische Armee vertrieb die Familie Mirbach und beschlagnahmte die Villa, wahrscheinlich, um sie als Gästehaus für hochrangige Gäste zu nutzen.

Die verbotene Stadt

Zwischen 1945 und 1994 waren durchschnittlich rund 500.000 sowjetische Soldaten in Ostdeutschland stationiert. Begleitet wurden die Besatzungstruppen von rund 200.000 Zivilpersonen, die mit ihnen in streng abgeriegelten Quartieren lebten. In Potsdam verteilten sich 50.000 Angehörige samt ziviler Entourage auf rund dreißig dieser sogenannten Militärstädtchen. Unter Potsdamern besaß das Militärstädtchen Nr. 7 den Beinamen „Verbotene Stadt“. Es beherbergte den deutschen Sitz der sowjetischen Militärspionageabwehr und diente als nachrichtendienstlicher Vorposten des KGB. Mit rund einhundert Gebäuden, darunter die Villa Mirbach, erstreckte es sich über eine Fläche von etwa 16 Hektar. Dreißig Jahre nach Abzug der sowjetischen Truppen finden sich kaum noch Spuren des einstigen Militärstädtchens Nr. 7. Wer entlang der Großen Weinmeisterstraße und der Straße Am Neuen Garten auf dem Geschichtspfad „Sowjetische Geheimdienststadt” unterwegs ist, stößt auf 13 Infostelen mit Hinweisen auf jene Zeit.

DER ELEFANTENBAUM

Ein unerwarteter Elefant

Neuer Garten
Tram 92, 96 (von Potsdam Hbf) Reiterweg/Alleestraße

Unweit der Pyramide auf dem Weg in Richtung Cecilienhof stöß man auf ein Kuriosum: ein Baum, der aussieht wie ein Elefant. Ab Juni 1945 bis ins Jahr 1953 nutzte die Rote Armee das Marmorpalais al

Kasino und den Neuen Garten als Vergnügungspark.

So stellte man ein Riesenrad, Karussells, eine Musikbühne, eine Autoscooterbahn und Schießbuden auf. Auch eine aus Sanssouci stammende Gruppe von Trauerbuchen wurde in der Zeit nach dem Zweiten Weltkrieg in den Neuen Garten verpflanzt.

Ende der 1970er-Jahre ersah ein Gärtner in einer der Trauerbuchen einen großen Elefanten und legte gekonnt seine Gartenschere an, um die Umrisse des Tieres deutlicher herauszuschneiden. Seitdem wird der Elefant liebevoll gehegt und gepflegt und erfreut sich bei den Gartenbesuchern großer Beliebtheit.

DIE PYRAMIDE IM NEUEN GARTEN ⑨

Ein Symbol für den alchemistischen Prozess zu spirituelle Erleuchtung

Neuer Garten – Tram 92, 96 (von Potsdam Hbf) Reiterweg/Alleestraße

Die mysteriöse Pyramide im Neuen Garten diente einst offiziell al „Kühlschrank" für die Zutaten der Speisen, die in der Schlossküch am Heiligen See zubereitet wurden. Doch lassen die Hieroglyphen an Sockel der Pyramide und die geheimnisvollen goldenen Zeichen übe dem Eingang vermuten, dass der Bau noch eine andere Funktion hatte.

Schon zu ihrer Entstehungszeit im Jahr 1792 machte die Pyramid großen Eindruck auf die Besucher. Damals erhielten ausschließlich

geladene Gäste Zugang zum Neuen Garten, der durch eine vier Meter hohe, grün gestrichene Mauer nach außen abgeschirmt war: Hier im Neuen Garten führte Friedrich Wilhelm II. (1730 –1813) als Anhänger des geheimen Ordens der Gold- und Rosenkreuzer geheime Rituale und alchemistische Experimente durch.

Die Gold- und Rosenkreuzer verstanden Ägypten als Wiege der Alchemie und glaubten, in den ägyptischen Hieroglyphen sei eine Urweisheit bewahrt. Demnach sind die in Sandsteinblöcke gehauenen Zeichen am Sockel der Pyramide im Neuen Garten echten ägyptischen Hieroglyphen nachempfunden, die der König aus Büchern kannte. Erst 30 Jahre nach dem Bau der Pyramide im Neuen Garten gelang es Ägyptologen ägyptische Schriftzeichen zu entschlüsseln. Erhalten ist heute von dem ursprünglichen Hieroglyphenschmuck nur ein Bruchteil, denn die Pyramide wurde im 19. Jahrhundert baulich stark verändert.

Rechts und links des Pyramideneingangs sind zwei merkwürdige Insektenhieroglyphen zu sehen. Sie wirken wie Zwitterwesen aus Raupe und Schmetterling – vielleicht mit Absicht? Schließlich ließ sich au diese Weise die Verwandlung in der Natur als Motor des alchemistischen Prozesses (und der persönlichen Entwicklung) als Bild veranschaulichen.

Seltsam sind auch die vergoldeten Planetenzeichen über dem Eingang Lediglich zwei der Zeichen entsprechen der üblichen Darstellung: Mar

und Venus. Die übrigen Symbole sind eher ungewöhnlich.

Man nähert sich der Lösung dieses Rätsels an, wenn man die alchemistische Literatur und die Schriften der Rosenkreuzer zur Hilfe nimmt, die Friedrich Wilhelm II., versteckt in seinem Schlafzimmerschrank im Marmorpalais, aufbewahrte. Die Bücher sind heute zwar verschollen, ihre Titel aber durch ein Inventar überliefert.

So stehen die Zeichen für Sonne und Mond hier auch als Universalzeichen für den gesamten Kosmos: Sonne und Mond beleuchten den Berg der Einweihung, dargestellt durch die Pyramide in ihrer geometrischen Form. Diesen Berg muss der Eingeweihte erklimmen, um spirituelle Erleuchtung – das Ziel des gesamten alchemistischen Prozesses – zu erreichen.

Da die Planeten jeweils einem Metall und einem Charakterzug zugeordnet werden, entsprachen die Planetensymbole über dem Eingang der Pyramide wahrscheinlich den verunreinigten seelischen Bestandteilen, von denen sich die Adepten des Geheimbundes rituell lösen mussten.

Weitere Informationen zur Alchemie finden Sie auf Seite 154.

Eis, Wasser, Dampf als alchemistische Metapher für Verwandlung

Selbst die Funktion der Pyramide als Eiskeller kann als Bild für eine alchemistische Verwandlung gelesen werden: Wasser durchläuft drei Aggregatzustände und existiert als festes Eis, als flüssiges Element und als Dampf.

Was ist Alchemie?

Das Wort „Alchemie“ stammt vom arabischen *al-kymiya* und bedeutet so viel wie „göttliche Chemie“. Ihre Ursprünge gehen auf Hermes Trismegistos zurück, der sie in seiner zwischen dem 1. und dem 3. Jahrhundert nach Christus veröffentlichten Tabula *Smaragdina* erwähnt, die als bedeutendste Inspirationsquelle des hermetischen und neuplatonischen Denkens im Mittelalter und in der Renaissance gilt. Zunächst verbreitete sich die traditionelle Wissenschaft in Indien und China, bevor sie von dort im Mittelalter durch Pilger, die nach Palästina reisten und dort über islamische Gelehrte in Kontakt mit der hermetischen Lehre kamen, nach Europa gelangte. In der Folge überdauerten das Studium und die Ausübung der Alchemie bis in unsere heutige Zeit, und selbst die der Praxis zurückhaltend gegenüberstehende katholische Kirche zeigte sich offen für die Lehre. Die Adepten der Alchemie unterteilen ihre Kunst in zwei Hauptaspekte: die spirituelle Alchemie, in der alle verunreinigten Bestandteile des Körpers durch Extraktion

abgetrennt werden, um reine Quintessenzen zu erhalten (Pfad der Büßer), und die naturwissenschaftliche Alchemie, die im Labor das alchemistische Universum der Umformung unreiner Elemente der Natur in Edelmetalle wie Silber und Gold reproduziert (Pfad der Philosophen). Diese beiden alchemistischen Praktiken gehen für gewöhnlich Hand in Hand und führen auf den Pfad der Demütigen, auf dem sich der Mensch vor der Größe des im Laboratorium reproduzierten Universums verneigt: Die Alchemie der Seele im Inneren findet im Labor ihren äußerlichen Ausdruck. Wer sich der Alchemie demnach einzig auf der Suche nach Silber und Gold widmet und die wesentlichen Aspekte der Läuterung der Seele vernachlässigt, wird scheitern und zu einem Scharlatan werden, der vielleicht über eine erweiterte Kultur, jedoch nicht über die erforderlichen moralischen Qualitäten verfügt. Um kein Scharlatan (und von der Kirche verurteilter Ketzer) zu werden, muss der Adept Geist und Herz, Kultur und Moral, Buße und Demut in Einklang bringen und zu einem echten Philosophen werden.

Die zwölf Stufen des Opus magnum der Alchemie und Ihre Smbole

Die Labor-Alchemie befasst sich unmittelbar mit der Substanz der chemischen Elemente der Natur. Sie werden von physischen Verunreinigungen befreit (Tod), gereinigt und, durch Einwirkung der Prinzipien Quecksilber und Schwefel (Seele und Geist) auf das dritte Prinzip Salz (Körper), wieder verbunden (Auferstehung). Auf diese Weise werden die volatilen Elemente in der gereinigten Materie fixiert. Zwölf Stufen führen daraufhin Schritt für Schritt zum Stein der Weisen, der als Synonym für die Erleuchtung der Materie durch die Befreiung des in ihr gefangenen Geistes steht.

In der nachfolgenden Aufstellung werden die zwölf Stufen des Großen Werkes (Opus magnum) der Alchemie für alle, die weniger mit Lehre und Sprache des Hermetismus vertraut sind, kurz vorgestellt. Dabei werden drei Phasen unterschieden, die sich jeweils in weitere vier Stufen unterteilen lassen:

Nigredo (Schwärzung) – Auflösung und Verwesung der Materie.

Calcinatio (Verbrennung) – Reinigung eines grundlegenden Stoffes durch Feuer ohne Verringerung des Wassergehalts (bezeichnet als Tau), also ein Ausbrennen ohne Veraschen. Symbol dieser Stufe ist der Löwe. Er steht für die Stärke und das Licht der Sonne und in der alchemistischen Ikonographie für die Kraft, die Feuer und Wasser im Gleichgewicht hält. Diese Stufe wird auch durch den flammenden Drachen symbolisiert.

Solutio (Auflösung) – Die feste Materie wird umgewandelt, verflüssigt und aufgelöst. In dieser „philosophischen Auflösung" ist Quecksilber das flüssige Element, das die Essenz des differenzierten chemischen Elements löst, indem es dieses in seinem ursprünglichen Zustand als Rohstoff bringt. Symbol dieser Stufe ist ein Gekrönter („Adept der königlichen Kunst"), der in einem See („Mercurialwasser") badet und für das Eintauchen in

sich selbst steht.

Separatio (Trennung) – So, wie der Geist von der Seele getrennt ist, wird Quecksilber als externes Element von dem in ihm enthaltenen Schwefel getrennt und in einer allein Alchemisten bekannten geheimen Prozedur (*Secretum secretorum*, „Geheimnis der Geheimnisse"), einem Grenzbereich zwischen Alchemie und Chemie, durch gekonnte Erhitzung abgeschieden. Bei diesem Vorgang wird (metaphorisch gesehen) ein Sonnenstrahl in einer Glasphiole (*Ovum philosophicum*, „philosophisches Ei") eingefangen, durch Erhitzen der Retorte destilliert und hermetisch abgeschieden. Die Erde als festes Element verbleibt unten, während der Geist sich erhebt. Bei korrekter Durchführung ist in der Glasphiole ein Stern zu sehen (genannt Regenbogen bzw. Pfauenschwanz). Diese Stufe wird durch das Symbol des strahlenden Sterns angezeigt sowie durch das ikonische Ritterschwert.

Putrefactio (Fäulnis) – Hitze tötet die Substanz am Glasboden ab, woraufhin sie verfault und dunkel bis schwarz wird. Dargestellt wird diese Stufe daher durch zwei Raben (einer für die Calcinatio, einer für die Putrefactio) oder durch ein Skelett mit Sichel oder einen Mauren, bzw. einen schwarzen, enthaupteten Kopf.

Albedo (Weißung) – Reinigung der Materie durch die „flüssige" Substanz.

Coniunctio (Vereinigung) – Ihrer selbst bewusst, werden Seele und Geist, Quecksilber und Schwefel, wieder vereint. Der Vorgang erfolgt in einem luftdicht versiegelten Behälter (einer Phiole oder einem Fläschchen). Diese Stufe entspricht der „hermetischen Wiedervereinigung" und wird durch König (Geist, Sonne) und Königin (Seele, Mond) mit verschlungenen Händen symbolisiert.

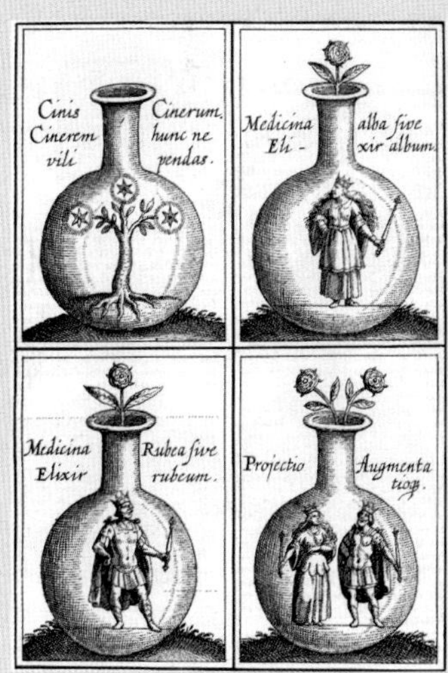

Coagulatio (Fällung) – In dieser Phase tritt im bei schwacher Hitze erwärmten Tiegel durch Veränderung der Materie eine weißliche Färbung auf. Chemisch betrachtet handelt es sich dabei um das Abkühlen und Verfestigen einer

Flüssigkeit, wobei der zuvor in einem Lösungsmittel aufgelöste feste Stoff durch Verdampfung dieses Mittels wiedererscheint. Ziel ist es, der Erde wie bei der Auferstehung Verstorbener ihr gereinigtes Element zurückzugeben. Als Symbol dient infolgedessen ein König mit Zepter, der aus seinem Grab aufersteht.

Cibatio (Verfestigung eines wachsartigen Zustandes) – In dieser Stufe werden der Trockensubstanz die nötigen chemischen Elemente hinzugefügt. Dargestellt wird die *cibatio* durch einen Drachen mit Sonne und Mond.

Sublimatio (Sublimation) – In dieser Phase wird die Materie zum Geist und der Geist zur Materie. Das Feste verflüchtigt sich, das Flüchtige wird fest, wobei beide Vorgänge voneinander abhängen: kein Verflüchtigen (Subtilisieren) ohne Verfestigen (Materialisieren). Die dominierende Rolle kommt dabei dem Element Luft zu, die für das Prinzip der Sublimation des Geistes und der Materie steht, da sich in diesem Schritt der Dampf verfestigt und die trockene Masse durch Wärme erhebt. Diese Phase soll vierzig Tage dauern. In der Ikonographie wird sie dargestellt durch eine Taube, die in den Schmelztiegel hinabsinkt, bzw. durch einen Adler, der sich aus dem Tiegel erhebt. Neben weiteren Darstellungen findet sich auch jene eines alten, liegenden Mannes, auf dessen Bauch eine Taube und ein Adler sitzen, darüber die astrologischen Symbole der sieben klassischen Planeten (Sonne, Mond, Mars, Merkur, Jupiter, Venus und Saturn).

Rubedo (Rotfärbung) – Letzte Phase des alchemistischen Werks, in welcher der Stein der Weisen hergestellt wird.

Fermentatio (Fermentation) – Reaktion eines organischen Stoffs auf die Präsenz eines diesen zersetzenden Stoffs. Vorgang der chemischen Umwandlung, bei dem die Natur durch das Ferment bzw. den Gärstoff in Wallung gebracht wird. In der Alchemie wird meist Gold hinzugegeben, um das, was bereits existiert, in der Überzeugung weiter zu aktivieren, dass „die Natur sich durch die Natur selbst reproduziert". Symbole der Fermentation sind der

Hermaphrodit und das Weinfass, das bisweilen auch personifiziert als Bacchus bzw. Dionysos dargestellt wird.

Exaltatio (Erhebung) – Dieser Prozess ist mit der Sublimation identisch und eine Art Resublimation oder spirituelle sowie chemische „Erhebung". Sie ist gekennzeichnet durch die Präsenz von Gold und Quecksilber. Als Symbole dienen der Gott Jupiter mit seinen Feuerpfeilen und die Sirene Melusine, die auf das „Quecksilber der Philosophen" verweist.

Multiplicatio (Vervielfachung) – Sie steht für ein weiteres Erhitzen der Substanz, wodurch ihre Kraft verstärkt, ihre Menge jedoch nicht vergrößert wird. Die Substanz wird zum „Projektionspulver", das für die Transmutation unreiner Metalle zu reinem Gold benötigt wird. Diese Prozedur ist der Beginn des Erscheinens des Steins der Weisen in seiner primitiven Form. Die Bibel erzählt von dieser Phase im Wunder der Brotvermehrung durch Jesus. Allegorien sind der See und sein Wasser der ewigen Jugend sowie eine Ziege auf dem Gipfel eines Berges.

Proiectio (Projektion) – Abschließende Anwendung des Steins der Weisen in gängigen Operationen wie der Transmutation metallischer Körper. Der Stein bzw. sein „Projektionspulver" wird auf den geschmolzenen Grundstoff aufgeworfen (projiziert), um diesen zu Gold zu transmutieren. Der leuchtend rote, aus sublimiertem Salz, der Quintessenz der Materie, gewonnene Stein der Weisen wird dargestellt in Form eines gekrönten Kindes (Abkömmling von König und Königin, von Sonne und Mond, von Schwefel und Quecksilber), dem göttlichen Thronfolger, gekleidet in reinstem Weiß oder in leuchtendem Purpur. Er steht für die Offenbarung des Geistes aus der Materie und damit für die Erleuchtung der Körper durch die göttliche Essenz, dem höchsten Ziel wahrer Alchemisten. Diese Stufe wird auch durch einen Igel und einen heiligen Kelch symbolisiert. Von den Rittern, die sich einst auf die Suche nach ihm begaben (und damit auf die Suche nach spiritueller Erlösung) wird er auch als der Heilige Gral bezeichnet.

DIE GEDÄCHTNISURNE AM UFER DES HEILIGEN SEES ⑩

Gespräche mit dem Jenseits

Neuer Garten
S7, RE1 + Tram 92, 96 (von Potsdam Hbf) Reiterweg/Alleestraße

Sie steht mit etwas Abstand am Uferweg neben dem Marmorpalais im Neuen Garten: Auf einem eckigen Podest ruht eine marmorne Vasenurne, als wäre sie lediglich ein Stück Parkdekoration. Diese Gedächtnisurne wurde von Friedrich Wilhelms II. zur Erinnerung an seinen früh verstorbenen Lieblingssohn in Auftrag gegeben und unweit seines Lieblingsschlosses am Heiligen See aufgestellt.

Alexander hieß der Junge, der mit acht Jahren völlig unerwartet verstarb. Seine Mutter war Wilhelmine Enke, spätere Gräfin Lichtenau, die Mätresse, langjährige Vertraute und Beraterin Friedrich Wilhelm II.

und Mutter von sechs seiner Kinder. Graf Friedrich Wilhelm Moritz Alexander von der Mark, genannt „das Anderchen", lebte vom 4.1.1779 bis zum 1.8.1787 und war der Halbbruder des späteren Königs Friedrich Wilhelm III. Weil Alexanders Eltern nicht verheiratet waren, blieb er ein illegitimes, nicht erbberechtigtes Kind. Und war doch der Liebling seines königlichen Vaters.

Dann starb er, die Todesursache blieb ungeklärt. Das Wort Mord stand im Raum. Giftmord. Mord aus Eifersucht. Ausgeführt durch das Hofpersonal im Auftrag der neidischen und um das Erbe ihrer legitimen Kinder fürchtenden Königin Friederike Luise von Hessen-Darmstadt.

Der frühe Tod seines geliebten Sohnes setzte dem König sehr zu. In der Folge meinte er, in einem Windhauch seinen Geist zu spüren und seine Stimme zu hören. Wilhelmine Enke trat als Mittlerin auf und überbrachte dem König Botschaften seines Sohnes aus dem Jenseits. Auch bei politischen Entscheidungen bat Friedrich Wilhelm II. die geistige Welt um Unterstützung. Es hatte sich eine Konkurrenz um die Gunst des Königs zwischen den Drahtziehern der Gold- und Rosenkreuzer und Wilhelmine Enke entwickelt. Seinen engen Freund, den einflussreichen Rosenkreuzer Johann Rudolf von Bischoffwerder, fragte Friedrich Wilhelm II. häufig um Rat, wenn er eine „Geistermeldung" im Neuen Garten hatte, die sich zum Beispiel wie ein elektrisierendes „Knibßen" anfühlte. Wilhelmine Enke wiederum nutzte ihre Position als Medium, um ihre Beziehung zu ihrem Geliebten und Freund zu festigen. Friedrich Wilhelm II. blieb beiden Parteien, Wilhelmine und den Rosenkreuzern, bis zu seinem Lebensende treu.

In großer Trauer ließen die Eltern Alexanders bei Johann Gottfried Schadow ein Grabmal für ihn in der Berliner Dorotheenstädtischen Kirche gestalten. Heute ist das Epitaph in der Alten Nationalgalerie zu sehen.

Nach 1945 war die Vase jahrzehntelang verschollen, bis sie von zwei Hobbytauchern aus dem Schlick des Heiligen Sees gefischt wurde. Seit 2005 steht sie mit kleinen Ausbesserungen wieder am alten Standort. Nur die Inschrift ist nicht mehr zu erkennen, wahrscheinlich stand schlicht „Alexander" darauf.

IN DER UMGEBUNG

In der Nähe befindet sich eine weitere, ähnlich gestaltete Erinnerungsurne. Sie ließ der König für seine erste Frau zur linken Hand, Julie von Voss (geadelt zur Gräfin Ingenheim) aufstellen. Hier ahnen wir, warum Friedrich Wilhelm II. den Spitznamen „der Vielgeliebte" erhielt. Um Julie trauerte der König ebenfalls sehr. Sie starb nur zwei Jahre nach dem Tod Alexanders.

DIE ROSENKREUZERISCHEN SYMBOLE DES MARMORPALAIS

11

Diskrete Symbole eines Geheimordens

Marmopalais – S7, RE1 + Tram 92, 96 (von Potsdam Hbf) Reiterweg/Alleestraße

Friedrich Wilhelm II. (1744 –1797, ab 1786 preußischer König) war noch Kronprinz, als er im Jahr 1783 das Grundstück am Heiligen See erwarb. Wie er selbst in einem Brief erwähnt, wollte er an diesem Ort unbemerkt rosenkreuzerische Studien und alchemistische Experimente durchführen. Seit 1781 war Friedrich Wilhelm eines der prominentesten Mitglieder des Gold- und Rosenkreuzerordens (s. S. 172). In diesem Geheimbund, in dem die Alchemie eine wichtige Rolle spielte, galt eine stufenweise Veredelung des Menschen als höchstes Ziel. Friedrich Wilhelm II. hatte bereits den achten und vorletzten Grad im Orden erklommen. Rose, Kreuz und Gold galten als Zeichen für diesen Verwandlungs- und Veredelungsprozess.

Steht man vor der Fassade des Marmorpalais, das Friedrich Wilhelm II. als Sommerschloss im Neuen Garten anlegen ließ, fällt einem ein ungewöhnliches Dekorationselement ins Auge. So finden sich jeweils an den Ecken der Fensteröffnungen Rosetten, die zusammen mit den Fensterkreuzen gesehen Rosenkreuzformen ergeben (siehe Foto). Handelt

es sich hierbei lediglich um ein originelles Schmuckmotiv oder bewusst um ein Symbol des Rosenkeuzerordens? Im Inneren des Schlosses, das Carl Gotthard Langhans (1732–1808) gestaltete, finden sich immer wieder Hinweise auf das Spiel mit der Wahrnehmung. Auch dies scheint nicht zufällig zu sein, denn im Gold- und Rosenkreuzerorden war es von Bedeutung, die Sinne zu schärfen, um in Kontakt mit der übersinnlichen Welt treten zu können. Richtet man beispielsweise in der Parolekammer im Erdgeschoss den Blick auf das kunstvoll gestaltete Parkett, glaubt

man aufgrund einer optischen Illusion, über Würfel zu stolpern, die auf dem Boden aufgestapelt sind. Nicht nur das Auge, sondern auch der Hörsinn erfährt Irritationen. Dazu muss man nur einmal ausprobieren, wie es klingt, wenn man in der Mitte des Speisesaals im Erdgeschoss steht und spricht. Überrascht stellt man fest, dass die eigene Stimme wie von einer unsichtbaren Person außerhalb des Raums zu kommen scheint. Unmittelbar denkt man an die Geisterbeschwörungen, die in den Gartenbauten wie der Muschelgrotte stattgefunden haben (s. S. 140). Über dem Speisesaal liegt der Konzertsaal, den der musikbegeisterte Friedrich Wilhelm II., der selbst auch Cello spielte, mit einer hervorragenden Akustik ausstatten ließ. Auch Ludwig van Beethoven gab hier seinerzeit ein Konzert. Die Saaldecke schmückt ein sechszackiger Stern, ein Hexagramm. Dieses esoterisches Symbol war unter anderem auch für die Rosenkreuzer von Bedeutung.

Im oberen Stockwerk gelangt man ins Orientalische Kabinett, das wie ein Zelt gestaltet ist. In diesem Raum wird der Schall auffällig gedämpft – und Geräusche quasi geschluckt. Das Fußbodenmuster in Kreuzform, das wiederum Bezüge zum Orden der Rosenkreuzer zulässt, besteht aus einheimischen Hölzern, wie alle Fußböden im Schloss. Im Zentrum des kostbaren Parkettbodens ist eine achtblättrige Rosette eingelegt – die Acht steht dabei als ein Symbol für Erleuchtung und Vollendung. Wie an den Fenstern der Außenfassade, so vereint sich auch hier die Rosette mit dem Kreuz zum Rosenkreuzsymbol. Die Rosetten an Fenstern und Türen des Marmorpalais haben allerdings nur sechs Blätter. Sie stehen als Zeichen für den Prozess der (geistigen) Entwicklung hin zur Acht, zur Vollendung und zum wiedergewonnenen Paradies mit dem „neuen“ Adam.

DIE SCHEINAKAZIEN IM NEUEN GARTEN

⑫

Ein lebendiges Symbol der Rosenkreuzer

Neuer Garten
S7, RE1 + Tram 92, 96 (von Potsdam Hbf) Reiterweg/Alleestraße

Als „lebendige" Rosenkreuzerzeichen pflanzte Friedrich Wilhelm II. am Ufer des Heiligen Sees Robinien (Scheinakazien). Angeblich hatte Christian Rosenkreuz (1378–1484), der legendäre Begründer der Rosenkreuzerbewegung, unter einem Akazienbaum philosophiert.

Auch auf dem Grab von Rosenkreuz soll eine Akazie gewachsen sein. Von ihm sollen die Schriften *Itinerarium* (Reisebeschreibung), *Vita*

(Lebensbeschreibung), *Liber M* (Buch der Welt), das Rosenkreuz aus dem Arabischen ins Lateinische übersetzte, sowie das *Liber T* (Buch Gottes), welches in den Händen seines Leichnams gefunden wurde, stammen.

Aus diesem Grunde waren Friedrich Wilhelm die Robinien am Heiligen See überaus wichtig und durften für den 1787 begonnenen Schlossbau nicht abgeholzt werden. Die Robinien wurden jedoch Ende des 19. Jahrhunderts gefällt, vor einigen Jahren aber nachgepflanzt.

Peu à peu kaufte Friedrich Wilhelm II. umliegende Grundstücke hinzu und beauftragte den Gartengestalter Johann August Eyserbeck (1762–1801), einen der ersten englischen Landschaftsgärten in Preußen anzulegen. Der König nannte seinen Lieblingsaufenthaltsort Neuer Garten – in Abgrenzung zu Sanssouci, dem „alten" Garten im barocken Stil.

Die Rosenkreuzer – ein geheimer mystischer christlicher Orden

Der Name des Ordens der Rosenkreuzer geht auf den deutschen Gelehrten Christian Rosenkreutz zurück, der um 1460 lebte. Rosenkreutz gründete seinen Orden mit zwölf mystisch-christlichen Anhängern. Die Ordensbrüder widmeten sich religiösen und wissenschaftlichen drängenden Fragen der damaligen Zeit und ließen sich in Südeuropa nieder. Dort nahmen sie kulturelle und spirituelle Verbindungen zu den islamischen Zentren der mystischen Sufis auf, mit denen sie lange Zeit in engem Austausch standen, und knüpften ein spirituelles Band zwischen Orient und Okzident.

Der Legende nach sollen den Rosenkreuzern ihre Kenntnisse der Hermetik und Alchemie besondere Kräfte verliehen haben. So sollen sie in der Lage gewesen sein, den Stein der Weisen herzustellen und direkt mit Gott, Jesus, den Heiligen und den Engeln zu kommunizieren, die ihnen die göttliche Weisheit und die Geheimnisse der Unsterblichkeit offenbarten.

Der Ruf der Wundertätigkeit haftet den Rosenkreuzern bis heute an. Die Gründung der Rosenkreuzer und ihre Entwicklung zu einem Geheimbund datiert auf das 15. Jahrhundert. Neue Mitglieder wurden nur im Todesfall aufgenommen, um die Anzahl der Mitglieder nach dem Vorbild Jesu und seiner 12 Jünger konstant bei 13 zu halten.

Im Jahr 1614 erschien mit der *Fama Fraternitatis* ein Werk, das Christian Rosenkreutz zugeschrieben wurde, obwohl es in Wahrheit von dem Theologen Johannes Valentinus Andreae (1586–1654) verfasst worden war, dem vermeintlichen Großmeister und Sprecher des Ordens der Rosenkreuzer. Der Text berichtet von den Ursprüngen, dem Werdegang und der Aufgabe der Rosenkreuzer, die sich zum Ziel gesetzt hatten, ein oberflächliches Christentum zu überwinden, die Kirche zu reformieren und von

ihren säkularen Lastern zu befreien.
1761 gingen die Rosenkreuzer mit der Bildung des streng christlichen 18. Hochgrades „Ritter vom Rosenkreuz“ (auch „Ritter vom Pelikan“) in dem neu aufkommenden Bund der Freimaurer auf.
Mehrere Initiierte, so auch Robert Fludd (1574–1637) in seinem Buch *Summum bonum* (1629), unterscheiden zwischen den Eingeweihten, den Lehrlingen und Gesellen. Demnach ist der Eingeweihte ein Meister, der bereits die spirituelle Erleuchtung erlangt hat und die göttlichen Mysterien kennt und anwendet, da er spirituell und innerlich ein Abbild des obersten Meisters – Jesus – ist. Das Rosenkreuz – der Geist (Rose), der den Meister (Kreuz) bewusst erleuchtet – steht hier als Symbol für die vollständige Erleuchtung. Der Lehrling ist der Schüler, der entschieden hat, die Disziplin anzunehmen, die zum höchsten Zustand des Rosenkreuzes führt. In diesem Fall symbolisiert das Rosenkreuz die Liebe (Rose) und die Perfektion (Kreuz), die es zu erreichen gilt. Der rosenkreuzerische Maurer schließlich ist der symbolisch Illuminierte, der als Freimaurer den 18. Grad erreicht hat. Das zwischen Winkelmaß und Zirkel eingebettete Rosenkreuz steht hier für die Perfektion und Wahrhaftigkeit der Botschaft Jesu.

Rosenkreuzer und „Gold-und Rosenkreuzer“

Der als Weiterentwicklung des Rosenkreuzerordens (s. S. 168) angesehene Orden der Gold-und Rosenkreuzer alten Systems wurde 1777 in Berlin von Johann Rudolf von Bischoffswerder und Johann Christoph Woellner (1732 –1800) aus der Berliner Freimaurerloge *Zu den Drei Globen* heraus gegründet (s. Reiseführer *Verborgenes Berlin* beim selben Verlag). Sie führten die Genealogie der Rosenkreuzer nicht auf den angeblichen Gründer Christian Rosenkreutz zurück, sondern auf den biblischen Stammvater Adam und fügten den bedeutungsvollen Symbolen der Wandlung von Rose und Kreuz das Gold hinzu. Gold im übertragenen Sinne steht für die geistige Veredelung und das Endprodukt des alchemistischen Prozesses. Das Einweihungsritual des Gold- und Rosenkreuzerordens stand dem der Freimaurer nahe. Allerdings erweiterten die Gold- und Rosenkreuzer die drei Erkenntnisstufen auf neun. Anlässlich seiner Thronbesteigung war geplant, Friedrich Wilhelm in den neunten Grad einzuweihen. Dazu kam es jedoch nicht. Es ist fraglich, ob dieser höchste Grad des Magus, in dem magische Fähigkeiten erworben werden sollten, überhaupt existierte.

Mesmerischer Magnetismus

Franz Anton Mesmer (1734 –1815) brachte das Magnetisieren als Heilmethode ins Gespräch. Zunächst führte er Experimente an Tieren durch, dann an Menschen. Die vorübergehend erfolgreiche Behandlung der Wiener Pianistin und Komponistin Maria Theresia von Paradis (1759 –1824), die mit drei Jahren erblindet war, ist ein berühmtes Beispiel. Unter dem Titel *Licht* wurde diese Geschichte verfilmt und kam 2017 in die Kinos.

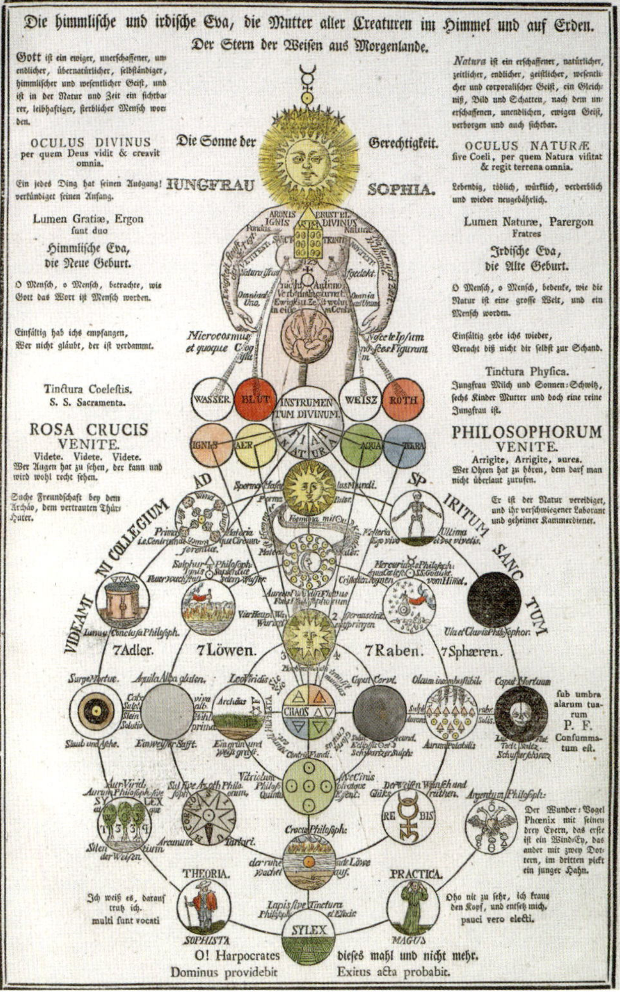

Die esoterische Spiritualität Friedrich Wilhelms II.

Die Möglichkeit, mit der geistigen Welt in Kontakt zu treten, erfuhr Friedrich Wilhelm 1778 erstmals in Schatzlar (Žacléř, in der heutigen Tschechischen Republik), wo ihm Jesus Christus erschien. Bedingungsloser Gottesglaube zog sich von nun an wie ein roter Faden durch sein Leben. Als Friedrich Wilhelm 1781 ernsthaft erkrankte, behandelte ihn sein lebenslanger Freund Johann Rudolf von Bischoffwerder (1741–1803) erfolgreich mit einer gold- und rosenkreuzerischen Tinktur. Diese Heilung, die für Kronprinz Friedrich Wilhelm an ein Wunder grenzte, veranlasste ihn dazu, eine Aufnahme in den Orden der Gold- und Rosenkreuzer zu erwirken, die noch im selben Jahr in Schloss Charlottenburg erfolgte. Die Zeremonie fand im Geheimen statt. Wie für Mitglieder des Ordens üblich, erhielt auch Friedrich Wilhelm einen geheimen Namen und eine Geheimschrift, um die Rituale und alchemistischen Arbeiten im Verborgenen durchführen zu können. Der preußische König galt fortan unter dem Namen Ormesus Magnus als prominentestes Mitglied des Ordens.

Friedrich Wilhelm führte im Rahmen der geheimen Praktiken des Ordens alchemistische Experimente durch, vermutlich im Vorgängerbau des Schlosses und später im Grünen Haus. 1791 ließ er sich einen Ofen in Gestalt eines vergoldeten Metalldrachens in sein privates Schreibkabinett im Erdgeschoss einbauen. Der Drache steht symbolisch für den alchemistischen Prozess der Transformation und für den Stein der Weisen. In den meisten Darstellungen beißt der Drache sich wie der Ourobouros (s. S. 286) in den Schwanz. Eine verschollene Hieroglyphe des Ourobouros war einst auch war an der Pyramide im Neuen Garten angebracht.

Vor der Arbeit im alchemistischen Labor wurde ein Gebet gesprochen. Der König war nicht nur von der magischen Wirkung des Gebetes überzeugt, etwa des ausgesprochenen Namens Christi zur Linderung von Krankheiten, sondern glaubte auch an gold- und rosenkreuzerische Sprüche, um bestimmte Wirkungen zu erzielen oder Geister zu prüfen. Bei einem Besuch von Bischoffwerder im Neuen Garten wurde Friedrich Wilhelm einmal vom Heiligen Geist umarmt, und 1782 soll im Berliner Schloss der Geist einer verschleierten weißen Frau umgegangen sein. Beunruhigt sandte Friedrich Wilhelm darauf eine Phantomzeichnung der weißen Frau an seinen Ordensoberen. Dieser deutete den Geist als ein gutes Omen für die Ordenstätigkeiten des zukünftigen Königs. Auch bei rosenkreuzerischen Ritualen, wie dem Anlegen des Ordenskreuzes, wurde der König von einer Geistermeldung begleitet, die Bischoffwerder als göttliche Gegenwart deutete.

Konkurrenz erhielt der enge Vertraute Bischoffswerder durch Friedrich Wilhelms Geliebte Wilhelmine, die als Medium bei Geistersitzungen dem König Botschaften des gemeinsamen verstorbenen Sohnes aus dem Jenseits übermittelte. Im Jahr 1790 suchte Friedrich Wilhelm ein weiteres Medium in Breslau auf, eine Heilerin, die nach der umstrittenen Magnetisiermethode des Arztes Franz Anton Mesmer (s. unten) arbeitete. In Trance schaute sie Gott und brachte Friedrich Wilhelm II. dazu, ganz außer sich zu kommen, wie er selbst berichtete. Diese Haltung bildete jedoch laut rosenkreuzerischer Literatur die Voraussetzung dafür, Göttliches wahrzunehmen.

Letztlich dienten die Anlagen im Neuen Garten ebenfalls dem Zweck, die Sinne zu öffnen und zu kultivieren. Um einen Beweis für die Seelenwanderung zu erbringen, über die ein ernster Diskurs geführt wurde, behalf man sich mit optischen und akustischen Tricks und Apparaturen. Angeblich soll Bischoffwerder die Apparaturen nach dem Freitod des Betrügers Johann Georg Schrepfer (1738 –1774) in Leipzig erworben haben. Die Gold- und Rosenkreuzer inszenierten mithilfe dieser Gerätschaften Geistersitzungen, etwa im Belvedere des Charlottenburger Parks und in der Grotte des Neuen Gartens, um die Sinne für transzendente Erscheinungen zu öffnen.

VERBORGENE ÄGYPTISCHE SYMBOLE VON DER ORANGERIE

13

Eine Anspielung auf die Wiederauferstehung des verstorbenen Sohnes von Friedrich Wilhelm II.?

Neuer Garten
S7/RE1 + Tram 92, 96 (beide von Potsdam Hbf.) Reiterweg/Alleestraße

Etwa zeitgleich mit der Pyramide entstand in den Jahren 1791–93 im Neuen Garten die Orangerie. Der Entwurf des Baumeisters Carl Gotthard Langhans hat erstaunliche Ähnlichkeit mit einem ägyptischen Tempel.

Auf dem Architrav über dem Eingang sitzt eine Sphinx mit einem Nemes-Kopftuch, wie es die Pharaonen im Alten Ägypten trugen. Johann Christoph Wohler arbeitete die Skulptur nach Entwürfen des Bildhauers Johann Gottfried Schadow (1764 –1850) aus.

Auch an der südlichen Grenze zum Neuen Garten befanden sich in den Nischen an der heute abgebrochenen Behlertbrücke zwei weitere „ägyptische“ Sphingen als Wächter bzw. Hüter von Geheimnissen, die heute in der Gotischen Bibliothek am Heiligen See aufgestellt sind.

Die große Sphinx auf dem Architrav der Orangerie übermittelt eine besondere Botschaft. Direkt über der Skulptur ist im Zentrum der Halbkuppel des Vorraums ein Sonnenrad zu sehen, dessen Strahlen neun Felder bilden, die mit den neun Ordensgraden der Gold- und

Rosenkreuzer in Verbindung stehen.

Rechts und links des Eingangs sind zwei schwarze Götterfiguren im ägyptischen Stil nach Entwürfen von Schadow in Nischen eingestellt. Der Bildhauer nahm sich hierfür die Skulptur des Antinous aus der Villa Hadrian in Tivoli bei Rom zum Vorbild, die heute im Ägyptischen Museum in Rom zu sehen ist. Antinous war der junge Günstling und Geliebte Kaisers Hadrians, der ihn auf seinen Reisen begleitete. Nachdem der Jüngling in Ägypten im Nil ertrunken war, wurde er zum Gott erhoben, und ein Antinous-Kult entstand. Antinous zu Ehren gründete Kaiser Hadrian an der Unglücksstelle die Stadt Antinoupolis und ließ einen Obelisk aufstellen, der die Wiedergeburt des Antinous symbolisieren sollte.

Auch Friedrich Wilhelm II. errichtete 1794 südlich vom Marmorpalais einen Obelisk. Die vier Medaillons am Pfeiler des Obelisken zeigen die vier Menschenalter und stehen als Sinnbild für die vier Jahreszeiten. Der König setzte damit dem ewigen Kreislauf der Natur von Tod und Neubeginn ein Monument.

Wohl nicht zufällig befindet sich nördlich des Schlosses am See die Gedenkurne seines verstorbenen Lieblingssohnes (s. S. 160). Verknüpfte der König die symbolische Ebene des Obelisken auf diese Weise mit seiner Hoffnung auf die Wiederauferstehung seines Sohnes? Den Anwärtern des neunten Rosenkreuzergrades, zu denen Friedrich Wilhelm gehörte, wurde die magische Fähigkeit in Aussicht gestellt, Tote zum Leben zu erwecken.

Antinous wird mitunter mit dem ägyptischen Gott Osiris gleichgesetzt, der von seinem Bruder Seth im Nil ertränkt wurde. Mithilfe seiner Schwester und Gattin Isis wurde Osiris jedoch wieder zum Leben erweckt. Er gilt sowohl als Gott der Unterwelt, als auch als Verkörperung der Sonne. Isis hingegen symbolisiert den Mond und war einst ebenfalls als Skulptur im Norden des Neuen Gartens aufgestellt.

Symbolisch wurde der gesamte Garten somit von Sonne und Mond in Gestalt von Osiris und Isis beleuchtet, die den gesamten Kosmos repräsentieren – welch willkommener Schutz für den esoterischen Garten des Königs.

Die Eingangstür zur Orangerie flankieren zudem zwei Hermen des Serapis, der ebenfalls mit Osiris und der Sonne gleichgesetzt wurde.

Die Pflanzen in der Orangerie sind unter anderem Orangenbäume, die symbolisch für die Natur und den ewigen Zyklus von Werden und Vergehen stehen, wie auch die prallen Brüste der Sphinx auf dem Architrav der Orangerie, die sich auf die Fruchtbarkeit der Natur beziehen.

Das 1789–90 errichtete Damenhaus gegenüber der Orangerie sollte ursprünglich das Aussehen einer christlichen Kirche erhalten. Christlicher Glaube und die Zugehörigkeit zum esoterischen Gold- und Rosenkreuzerorden standen in keinem Widerspruch. Da die altägyptischen Mythen um Osiris mit ihrem Opfer und der Wiederauferstehung im frühen Christentum immer wieder mit Jesus Christus verglichen wurden, ließ sich auch die ägyptische Symbolik von den christlichen Mystikern wie den Gold- und Rosenkreuzern wiederverwenden.

Vorbild für die Grundform des Baus waren neben römischen Themenanlagen der Pavillon der berühmten Balletttänzerin Marie-Madeleine Guimard (1743–1816) in Paris, der im Second Empire während der großangelegten Stadtsanierung von Baron Haussmann zerstört wurde (s. Abb.).

ANANAS DES CHINESISCHEN PARASOL IM NEUEN GARTEN

14

Die Exotenfrucht aus Potsdam zum Preis eines Pferdes

Neuer Garten
Alleestraße 10
Tram 92, 96 (von Potsdam Hbf) Haltestelle Reiterweg/Alleestraße

An der Ecke Am neuen Garten/Alleestraße liegt der Haupteingang zum Neuen Garten. Spaziert man von hier gleich links an der Begrenzungsmauer entlang auf schmalen Wegen Richtung Norden, stößt man bald auf einen hübschen schattenspendenden Kupferschirm mit Sitzplätzen, der im Volksmund als Chinesischer Parasol bekannt ist. In der Tat erinnert das fein gearbeitete Dach ein wenig an die typischen Strohhüte asiatischer Bauern. Oben auf dem Metallschirm thront eine große mit Blattgold besetzte Ananas, die zugehörigen gezahnten Blätter finden sich weiter unten am Stiel des Schirms.

Ursprünglich stammt die Ananasfrucht aus Südamerika. Man fragt sich also zu Recht, was sie auf dem Chinesischen Parasol zu suchen hat.

Der Chinesische Parasol war das erste Zierelement, das in dem ab 1787 angelegten Neuen Garten aufgestellt wurde, was daran liegen mag, dass in der europäischen Aristokratie des 17. und 18. Jahrhunderts China groß in Mode gekommen war. Im Zuge dieses China-Hypes entstand eine Welle von Chinoiserien – dekorativen Kunstobjekten eines erträumten Landes im Fernen Osten, die bald auch zu einem Synonym für raffinierte Luxusgüter insbesondere aus Seide und Porzellan wurden.

Im Europa des 18. Jahrhunderts galt die Ananas als kostbare Frucht, die ausschließlich im Gewächshaus und nur unter großem Aufwand gedieh. Einer deutschen Quelle von 1750 zufolge musste man für eine Ananasfrucht den Preis eines Pferdes bezahlen.

In diesem Kontext überrascht es folglich kaum, dass ein derart exotisches Prestigeobjekt wie die Ananas Assoziationen an Asien weckte, wo die Frucht im großen Stil angebaut wurde, nachdem sie ab Ende des 16. Jahrhunderts von den Portugiesen aus Brasilien eingeführt worden war (Macau und Taiwan waren lange portugiesische Kolonien).

Bald war die Ananas zu einem beliebten Motiv auf Chinoiserien in ganz Europa geworden – so beispielsweise auch auf den Wandteppichen *Ananasernte* aus der Serie *Szenen aus dem Leben des Kaisers von China* der nordfranzösischen Manufaktur Beauvais.

Dass die exotische Frucht auf den Chinoiserien Potsdams jedoch derart gefeiert wird, liegt vor allem daran, dass die Ananas aus dem Gewächshaus knapp 150 Jahre lang eine Spezialität der Stadt war und sogar einen gewissen internationalen Ruf genoss.

Einst von Friedrich dem Großen initiiert, kam der Anbau der Ananas jedoch in Potsdam gegen Ende des 19. Jahrhunderts zum Erliegen, nachdem die Kosten der lokalen Produktion aufgrund der zunehmenden Seetransporte den Preis für Ananas aus der Karibik bald überstiegen.

Am Chinesischen Haus in Park Sanssouci finden sich ebenfalls Darstellungen tropischer Früchte, darunter auch Ananasfrüchte.

WOHNUNGSGENOSSENSCHAFT *VATERLAND* ⑮

Architekturensemble aus der Zeit zwischen den Weltkriegen

Am Schragen 1–57
Tram 92, 96 (beide von Potsdam Hbf) Am Schragen/Russische Kolonie

Die in den Jahren 1923 bis 1926 von dem Architekten Georg Fritsch (1890–1955) erbauten Häuser der Siedlung *Vaterland* sind in ihrer kontrastreichen Farbigkeit und mit ihren vielseitig gestalteten, expressionistischen Bauelementen ein absoluter Hingucker. Als besonders

originell fallen beispielsweise jene der in Zweier- bzw.

Vierergrüppchen gestalteten Türen ins Auge, vor deren Fenstern „Spinnennetze“ hängen (Haus Nr. 10–11 und Haus 17–18). Die Türen der Häuser 33 und 34 sowie der Häuser 35 und 36 schmücken interessanterweise sechszackige Davidsterne bzw. Hexagramme.

Über manchen Türen sind Reliefs zu sehen, so auch an dem Gebäude Am Schragen 18, wo auf einem Medaillon ein deutscher Soldat aus dem Ersten Weltkrieg dargestellt ist, der eine Handgranate wirft. Ein weiteres Relief am Eingang zu Haus Nummer 11 zeigt einen Architekten.

Was den Städtebau anbelangt, so eröffnete der Erste Weltkrieg auch die Möglichkeit einer Erneuerung und Reinigung, einer Art „Aderlass“, um die alte Welt hinter sich zu lassen und einer neuen, von einem gerechteren Gesellschaftsideal geprägten Baukunst den Weg zu ebnen.

Anders als die düsteren Mietskasernen aus der Zeit vor dem Krieg, in denen Arbeiterfamilien in beengten und unhygienischen Verhältnissen lebten, realisierte die Siedlung Vaterland eine neue Form des Wohnens. Alle Bewohner und Bewohnerinnen sollten ausreichend Platz und Zugang zu grundlegenden Versorgungseinrichtungen wie Toiletten und fließendem Wasser haben und in einem positiven, hellen und sauberen Umfeld, umgeben von Grün und abseits des giftigen Qualms und quälenden Lärms der Fabriken, wohnen können. Die Reliefs an den Häusern der Wohnungsgenossenschaft *Vaterland* veranschaulichen diesen Grundgedanken: der Architekt (Haus Nr. 11) erlebt das Grauen des Krieges (Haus Nr. 18) und erkennt darin die Chance, die Lebensbedingungen der Arbeiterklasse neu zu definieren. Die Reliefs der Häuser Am Schragen 1 bis 4 zeigen eine fünfköpfige Familie: der Vater raucht in aller Ruhe seine Pfeife (findet also immer wieder Momente der Erholung), die Mutter hat Zeit, sich um ihr Neugeborenes zu kümmern (muss also nicht arbeiten gehen), und die Kinder wachsen in einem sauberen Umfeld mit Pflanzen und Tieren auf und gehen zur Schule (müssen folglich auch nicht arbeiten).

Der Einfluss von Bruno Taut

Die Siedlung Vaterland geht zurück auf Positionen des Architekten und Pazifisten Bruno Taut (1880–1938), einem der Begründer des deutschen Wohnens der Moderne. Die mit dem Davidstern verzierten Türen der Anlage verweisen vermutlich trotz des zunehmend öffentlichen und gewaltsamen Antisemitismus jener Zeit auf die jüdischen Wurzeln Tauts. Die Farbigkeit der Genossenschaftsbauten beruht auf seinem Manifest *Aufruf zum farbigen Bauen*, das 1920 in der Zeitschrift *Bauwelt* veröffentlicht wurde. Die Erklärung stieß auf ein breites Echo und wurde von vielen namhaften Architekten mitunterzeichnet.
Ein weiterer Hinweis auf den Einfluss Tauts zeigt sich in der Farbigkeit der Häuser der Siedlung Vaterland. Sie erinnert an die rund zehn Jahre zuvor von Bruno Taut in Berlin (Bohnsdorf) errichtete Gartenstadt Falkenberg, die aufgrund ihrer bunten und kontrastreichen Anstriche unter dem Namen Tuschkastensiedlung bekannt ist.

Nutzungsänderung militärischer Infrastruktur

Nach dem Ersten Weltkrieg wurde das deutsche Militär durch den Vertrag von Versailles stark beschnitten. Der Staat sah sich gezwungen, fortan einen Großteil seiner militärischen Infrastruktur zivil zu nutzen. Im Zuge dessen entstand auf dem einstigen Truppenübungsplatz der Kasernen auf dem Bornstedter Feld die Siedlung Vaterland. Das Bauland wurde der Genossenschaft zu günstigen Konditionen überlassen, die jedoch an gewisse Bedingungen geknüpft waren. Unter anderem war vorgeschrieben, die Hälfte der Wohnungen für preußische Staatsbeamte, die andere Hälfte zu gleichen Teilen für Reichsbeamte und Heeresangehörige bereitzustellen.

DIE ZIEGELSTEINE DER DATSCHEN DER KOLONIE ALEXANDROWKA

16

Überraschend untypisch – die Bauweise der Datschas in der Russischen Kolonie

Museum in der Alexandrowka – Russische Kolonie 2
Von März bis Oktober täglich (außer Mittwoch) von 10–18 Uhr
Tram 92, 96 (beide von Potsdam Hbf) Reiterweg/Alleestraße

Die 13 Häuschen der Kolonie Alexandrowka (auch Russische Kolonie genannt), erbaut Anfang des 19. Jahrhunderts, sehen von außen aus wie typisch russische Datschas in Holzbauweise.

Wer sich jedoch nicht mit einem kurzen Spaziergang durch die Straßen und Gärten der Kolonie begnügt, sondern sich zu einem Besuch des Museums in der Alexandrowka entschließt, wird eines Besseren belehrt. Im letzten Raum der Ausstellung, direkt über dem Goldenen Buch, in dem Besucherinnen und Besucher ihre Eindrücke zu Papier bringen können, fehlt in einem kleinen Abschnitt die Wandverkleidung und enthüllt –

welch Überraschung – eine zutiefst deutsche Konstruktionsweise aus Balken mit Stroh und Backsteinen als Füllmaterial. Die Holzbalken an den Fassaden haben demnach keine tragende Funktion und sind rein dekorativ.

Diese Entdeckung ist relativ jung. Ein Großteil der Pläne der Kolonie wurde im Zweiten Weltkrieg zerstört, sodass die wahre Bauweise der Gebäude erst 1995 zutage trat, als der Käufer eines der Häuser dem Denkmalamt im Vorfeld einer geplanten Sanierung Zutritt gewährte.

Diese architektonische Besonderheit ist dadurch zu erklären, dass die Russische Kolonie, anders als der Name glauben lassen könnte, nicht etwa von Russen, sondern von preußischen Arbeitern aus Potsdam gebaut wurde, die freilich nichts von der russischen Kunst des Blockhausbaus verstanden.

In der schönen Jahreszeit kann man in Haus Nr. 6 der Kolonie Urlaub machen: alexandrowkaunterkunft.de.

Die als Andreaskreuz angeordneten Alleen in der Russischen Kolonie

Die Alexandrowka wurde 1826/27 anlässlich des Todes von Zar Alexander I., der ein Jahr zuvor gestorben war, erbaut. Vorrangiges Ziel war es, damit die preußisch-russische Allianz zu feiern, die es vermocht hatte, den Napoleonischen Kriegen und damit der französischen Besetzung von Westpreußen ein Ende zu bereiten.

Die Kolonie entstand auf einem Baugrund in der ovalen Form eines antiken Hippodroms mit eingeschriebenem Andreaskreuz. Diese seltsame Grundform hatte folgende Bewandtnis: Der Andreas-Orden war damals (und ist es immer noch) der höchste russische Verdienstorden. Nachdem die französischen Revolutionäre auf dem Champ-de-Mars in Paris 1790 bereits ein ähnliches Hippodrom angelegt hatten, setzte sich diese Form während der Napoleonischen Kriege als Symbol der Befreiungskriege gegen den französischen Besatzer in Deutschland durch.

DIE RÄTSELHAFTE SYMBOLIK DER VILLA GERICKE

⑰

Architektonische Chimäre

Puschkinallee 17
Tram 92, 96 (Haltestelle von Potsdam Hbf) Puschkinallee

Das Haus in der Puschkinallee 17, die sogenannte Villa Gericke, schmiegt sich in einem ausgedehnten Garten eng an die Bäume und ist von der Straße aus kaum zu sehen. Doch der genauere Blick lohnt, denn die Villa, ein Nachbau von 1892/93 (s. unten), bietet ein schönes Beispiel einer historisierenden Architektur, die unterschiedlichste Stile vermischt, von der Eisenbahnarchitektur des deutschen Kaiserreichs (Fassaden aus gelbem und rotem Backstein) über den Tudorstil (verzierte Schornsteine) und die deutsche Renaissance (gotische Inschriften, Fachwerk) bis hin zum Stil amerikanischer Townhouses aus dem 19. Jahrhundert (Oriel-Fenster).

In vollem Bewusstsein seiner Extravaganz weist der Architekt des Originals (1863) jedoch mit den gotischen Lettern über dem großen Fenster rechts des Eingangsportals jegliche Kritik von sich: „Ich hab gebaut nach meinem Sinn, und wem das Haus nicht gefällt, der bau es besser für sein Geld."

Einzelne Fenster sind mit antiken Reliefs unterbaut. Am Turm ist neben dem Eingang der Fries des von Christian Rauch 1835 entworfenen Denkmals am Münchener Max-Joseph-Platz nachgebildet,

der die Errungenschaften des bayerischen Königs Maximilian I. auf konstitutioneller, religiöser, juristischer, landwirtschaftlicher, künstlerischer und wissenschaftlicher Ebene hervorhebt. Gekrönt wird das Ensemble von großen Spitzdächern, die ihrerseits an die russische Kolonie von Babelsberg aus den Jahren 1826/27 erinnern.

Die Giebel sind mit Schnitzereien verziert, darunter auch Kompass und Winkelmaß, was vermutlich darauf verweist, dass der Architekt den Freimaurern angehörte. Weiterhin zu sehen sind der unvermeidbare Zwerg, bürgerliches Symbol für durch Fleiß erarbeiteten Wohlstand, sowie die Initialen E und G der Hausherrin E. Gericke (Vorname unbekannt), für die ihr Sohn, Friedrich Gericke, das Haus erbauen ließ.

Nachbildung eines abgerissenen Berliner Hauses

In seiner Zeit als Lehrling in dem Berliner Architekturbüro Ende & Böckmann errichtete Friedrich Gericke hier für seine Mutter eine nahezu exakte Nachbildung des Hauses, das sein Chef, Hermann Ende, 1863–1865 für sich selbst gebaut hatte. Dieses in der Straße Siegmunds Hof 22 in Berlin-Tiergarten gelegene Gebäude musste 1893 dem damals in vollem Gang befindlichen Bau der S-Bahn weichen. Einige der Elemente aus diesem Originalgebäude konnten möglicherweise gerettet und in die im selben Jahr eingeweihte Villa Gericke integriert werden.

VERGESSENE SYMBOLE AUF DEM JÜDISCHEN FRIEDHOF VON POTSDAM

18

Segnende Hände für die Mitglieder der Familie Cohen

Puschkinallee 18
+49 (0)331 243 655 11
1. April bis 30. September: Mo bis Fr von 9–16 Uhr, So von 10–16 Uhr, Sa geschl.
1. Oktober bis 31. März: Mo bis Fr von 9–14 Uhr, So von 10–13 Uhr, Sa geschl.

Der Jüdische Friedhof von Potsdam stammt aus dem Jahr 1743. 1977 wurde die Grabanlage unter Denkmalschutz gestellt, und seit 1999 ist sie Teil des UNESCO-Weltkulturerbes. Auf dem Friedhof finden sich zahlreiche alte Gräber, auf denen teils interessante hebräische Symbole zu sehen sind, die nicht praktizierenden Juden und vor allem Menschen anderer Glaubenszugehörigkeiten kaum bekannt sind.

Der alte Friedhof verfügt über einen ganz besonderen Charme und lädt (besonders im oberen Teil) zum Flanieren und Innehalten ein.

Streift man zwischen wilder Vegetation und schief stehenden Grabsteinen umher, entdeckt man allenthalben faszinierende Grabsymbole. Zu den häufigsten zählen zwei zum Segen erhobene Hände, die auf die priesterliche Nachkommenschaft des Verstorbenen hindeuten und sich auf den Gräbern der Mitglieder der Familie Cohen (oder Coen) befinden. *Kohen* bezeichnet auf Hebräisch einen jüdischen Priester und verweist damit auf einen männlichen Nachfahren von Aaron, den Bruder von Moses und ersten Hohepriester der Israeliten. Die Haltung der Hände mit gespreizten Fingern entspricht der Haltung, die die Hände des Priesters bei der Segnung einnehmen. Ein anderes Symbol, das häufig zu sehen ist – Wasser, das aus einem Krug fließt – deutet auf die Zugehörigkeit zu den Leviten (Familie Levi), einem der Zwölf Stämme Israels, hin. Diesen kam einst die Aufgabe des Tempeldienstes, das Waschen der Hände vor der Segnung, zu.

Weitere Informationen über die Symbolik jüdischer Grabsteine auf der nächsten Doppelseite.

Die Symbolik jüdischer Grabsteine

In der religiösen jüdischen Tradition spielt die Symbolik immer schon eine grundlegende Rolle. Sie galt dem Judentum in seinen Ursprüngen als Repräsentation der Verbindung zwischen den Menschen und Gott (im Gegenteil zur Diabolik, die den Menschen von Gott trennt). Symbole dienten zur Identifikation einer Familie oder einer religiösen Funktion. Jedem grafischen Zeichen kam dabei eine Besonderheit oder spezifische Eigenschaft zu.

Einige der gängigsten Themen sind auf den Gräbern jüdischer Friedhöfe zu finden. Dazu gehören zwei segnende Hände, die auf die priesterliche Nachkommenschaft des Verstorbenen hindeuten und auch Gräber der Familien Cohen (oder Coen) zieren: *kohèn* bedeutet auf Hebräisch „Priester" und verweist damit auf einen männlichen Nachfahren von Aaron, dem Bruder von Moses und erstem Hohepriester der Israeliten. Die Haltung der Hände mit gespreizten Fingern entspricht der Haltung, die die Hände des Priesters bei der Segnung einnehmen.

Ein anderes verbreitetes Symbol ist aus einem Krug ausfließendes Wasser. Es deutet auf die Zugehörigkeit zu den Leviten (Familie Levi) hin, einem der zwölf Stämme Israels. Diesen kam einst die Aufgabe des Tempeldiensts, das Waschen der Hände vor der Segnung, zu.

Die Krone, die man auf den ältesten Grabsteinen findet, ist in der jüdischen Bestattungssymbolik ebenfalls sehr präsent. Sie verweist auf die politische Autorität des Verstorbenen und auf seine Würde; als Überschrift trägt sie ein Zitat aus dem *Pirqe Avot* (*Sprüche der Väter*), einem der Gründungstexte des Judentums: „Drei Kronen gibt es: die Krone der Tora, des Priestertums und des Königtums. Die Krone eines guten Namens überstrahlt sie alle."

Ab dem 19. Jahrhundert treten weitere, dem damaligen Zeitgeist entsprechende Symbole auf. Die Klepsydra, eine im antiken Griechenland gebräuchliche Wasseruhr, spielt auf verstrichene Lebenszeit an. Sie wird mit Flügeln oder, als noch deutlicherer Hinweis auf den Tod, in Verbindung mit gekreuzten Knochen und einem Schädel dargestellt. Die umgekehrte Fackel symbolisiert die Trauer: Um die Flamme zu löschen, muss sie gedreht und am Boden gerieben werden. Der Ouroboros bzw. Uroboros – eine Schlange, die sich in den eigenen Schwanz beißt – verweist auf die Wiedergeburt, ebenso wie der Blütenkranz, der aber auch als Hinweis auf die Bekanntheit gedeutet werden kann, die der Verstorbene während seines irdischen Lebens erlangt hat. Der Schmetterling, ein sehr altes Symbol, steht für die Seele, die sich vom Körper löst und in den Himmel aufsteigt. Eines der bekanntesten Symbole der jüdischen Kultur und Religion überhaupt, ist wohl der Davidstern (*Magen David*, wörtlich „Schild Davids“). Er war im 19. Jahrhundert sehr verbreitet und findet sich auf unzähligen Gräbern weltweit.

Tierdarstellungen verweisen auf den Namen des Verstorbenen: Der Löwe, häufig dargestellt in Verbindung mit einer Krone, ist nicht nur ein Hinweis auf das Königtum und damit die Zugehörigkeit zum Geschlecht Davids, sondern auch auf den Namen Leon (Leo auf Italienisch, Loeb/Löb oder Loew/Löw auf Jiddisch bzw. Deutsch).

Der Wolf ist das Zeichen Benjamins und die Darstellung eines in der jüdischen Gemeinschaft weit verbreiteten Familiennamens (Wolf auf Englisch und Deutsch, Ze'ev auf Hebräisch). Ein Hirsch, der in der jüdischen Symbolik für die Nachfahren des Stammes Naftali steht, ziert meist Gräber von Familien namens Hirsch (Jiddisch und Deutsch) oder Zvi (Hebräisch) bzw. Naftali (hebräisch für „Kampf“).

ÜBERRESTE DES SCHIESSÜBUNGS-PLATZES IM KATHARINENHOLZ

Eindrucksvolle Mauern aus vergessenen Zeiten

Tram 92 (von Potsdam Hbf) Kirschallee + Bus 698 Amundsenstraße/ Potsdamer Straße

Wer durch das an Schloss Lindstedt angrenzende Katharinenholz spaziert, stößt früher oder später unweigerlich auf die Überreste militärischer Anlagen.

Der Weg führt vom Schloss aus über verschlungene Pfade nach Nordosten in den Wald hinein. Nach wenigen Hundert Metern taucht auf der rechten Seite eine mächtige Steinmauer auf, rund 10 Meter hoch und 20 Meter breit. Geht man hier nach rechts, trifft man jeweils im Abstand von etwa zehn Metern auf sechs weitere Mauern gleicher Art.

Die 1890/91 errichteten Mauern dienten dazu, die Geschosse abzufangen, die auf den Schießbahnen vom Kaiserlichen Heer zu Übungszwecken abgefeuert wurden.

Bei genauerer Betrachtung fällt auf, dass vor den Mauern breite Gräben von 300 bis 600 Meter Breite liegen. Von diesen Gräben aus wurde in Richtung der im unteren Teil mit dichten Erdaufwürfen befestigten Mauern geschossen. Um das Gewicht dieser Aufwürfe auszugleichen, waren auf der Rückseite der Mauern Stützen angebracht, die ein Umstürzen verhinderten. Der obere Teil der Mauern war vermutlich früher noch mit einer Barriere aus Holzlatten vernagelt, um Irrläufer abzufangen.

Wer genauer hinsieht, erkennt, dass die oberen 1,5 bis 2 Meter der Mauern augenscheinlich zu einem späteren Zeitpunkt hinzugefügt wurden: Nachdem 1906 ein Postmitarbeiter, der in der Gegend unterwegs war, von einem Projektil am Oberschenkel getroffen worden war, erhöhte man die Mauern nachträglich.

Zunächst war der 1810 eingeweihte Schießstand im Katharinenholz lediglich als Übungsplatz für ein einzelnes Regiment gedacht und umfasste nur wenige in den Gräben angelegte Schießbahnen. Als nach und nach immer mehr Einheiten zum Exerzieren kamen, stieg jedoch auch die Anzahl der Schießbahnen. Trotz anhaltender Beschwerden von Anwohnern, die von wild umherfliegenden Geschossen berichteten, ergriffen die Behörden erst sehr viel später ernstzunehmende Schutzmaßnahmen.

Im Jahr 1872 schüttete man die ersten sieben Meter hohen Schutzwälle aus Erde auf, von denen einer zwischen der fünften und sechsten Mauer noch heute zu erkennen ist. Als sich diese Maßnahme als unzureichender Schutz erwies, wurden schließlich zusätzlich Mauern errichtet.

Nach dem Zweiten Weltkrieg übernahm die Rote Armee den in der Sowjetischen Besatzungszone gelegenen Schießplatz bis 1960, wovon Relikte wie die Betonmauer über dem oben erwähnten Erdwall zeugen.

Marmorpalais
Neuer Garten
BERLINER VORSTADT
GLIENICKER BRÜCKE
Schloss Glien
Königstraße
Villa Schöningen
KLEIN GLIEN
Heiliger See
Seestraße
L.-Richter-Straße
Mühlenweg
Berliner Straße
Am Neuen Garten
Mangerstraße
Maschinenhau
Schloss Babelsberg
Gotische Bibliothek
Kurfürstenstr.
Tiefer See
Park Babelsberg
Schwarzes Meer
Flatowturm
Guthenbergstr.
HUMBOLDT-BRÜCKE
NÖRDLICHE INNENSTADT
Kindermannsee
Gärtnerei
Allee nach Glie
BABELSBERG
Am Kanal
Nuthestraße
Nikolaikirche
Freundschafts-insel
Museum Barberini
Nuthepark
Humboldtring
Lotte-Pulewka-Straße
Mühlenstraße
Wollestraße
Alt Nowawes
Karl-Liebknecht-Straße
Pasteurstra
Karl-Gruhl-Straße
Garnstraße
WEBERPLATZ
Wichgrafstr
Rudolf-Breitscheid-Straße
Potsdam Hauptbahnhof
Friedrich-List-Straße
Babelsberg
Benzstraße
Friedrich-Engels-Straße
Schulstr.
Kopernikusstr.
0
500
1 000 m

Babelsberg

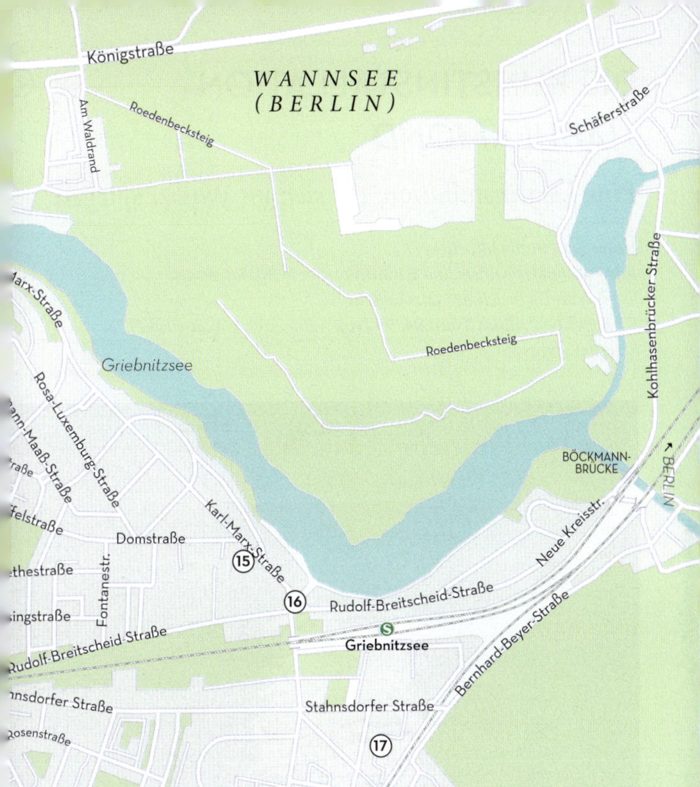

Königstraße
WANNSEE
(BERLIN)
Am Waldrand
Roedenbecksteig
Schäferstraße
Griebnitzsee
Roedenbecksteig
Kohlhasenbrücker Straße
Rosa-Luxemburg-Straße
BÖCKMANN-
BRÜCKE
BERLIN
Karl-Marx-Straße
Domstraße
Fontanestr.
Neue Kreisstr.
Rudolf-Breitscheid-Straße
Bernhard-Beyer-Straße
Griebnitzsee
Rudolf-Breitscheid-Straße
Stahnsdorfer Straße

DIE KUNSTINSTALLATION *HABULAMOND* ①

Eine Lichtinstallation, die sich im Wasser spiegelt

Unter der Humboldtbrücke
Internationales Kunst- und Kulturquartier Schiffbauergasse
Täglich ab Einbruch der Dunkelheit
S7 Babelsberg, dann Tram 94, 99 (von S Babelsberg/Wattstraße) Schiffbauergasse/Uferweg

Am nördlichen Havelufer, unter der Humboldtbrücke, sind oberhalb der Wasseroberfläche neun teilweise ineinandergreifende Stahlrahmen angebracht. Bei Einbruch der Dunkelheit beginnt dieses mit LED-Röhren gesäumte Gerüst neonweiß zu leuchten und sich in der dunklen Wasseroberfläche der Havel zu spiegeln. Es handelt sich hierbei um eine Lichtinstallation des Künstlers Rainer Gottemeier. Ein nächtlicher Spaziergang in diesem Teil Potsdams fühlt sich durch das Kunstwerk ein bisschen an wie eine Zen-Meditation. Der Fluss ist hier nahezu glatt, nur der Wind kräuselt das Wasser leicht. Die Lichtreflexe der Installation greifen feinste Wasserbewegungen in einem unendlichen Zerrspiel auf und entführen den Betrachter in eine Welt außerhalb jeglicher Zeitvorstellung. Den Titel der Installation – *Habulamond* – könnte man mit „Mondschein auf der Havel" übersetzen. Gottemeier greift darin den altgermanischen Begriff *habula* für Haff oder Bucht auf, der ursprünglich vermutlich auch die hiesige Flusslandschaft bezeichnete. Doch warum diese Anspielung auf die germanische Vergangenheit? Vielleicht ist sie als Aufforderung zu verstehen, sich eines Umstands bewusst zu werden, den wir mit unseren fernsten Vorfahren teilen: unsere Neigung, uns in einem einfachen Spiel aus Lichtreflexen zu verlieren, an nichts zu denken. An ein Nichts, „das nicht nichts ist und auch kein Mangel", erklärt Gottemeier unter Bezug auf die Worte des Philosophen Heidegger.

DER PFEILER IN DER GERICHTSLAUBE

2

Ein mittelalterliches Relikt des Alten Rathauses von Berlin

Park Babelsberg – S7 (von Potsdam Hbf) Babelsberg

Mitten in Babelsberg steht einige Hundert Meter nördlich des Flatowturms auf dem Gipfel eines Hügels die berühmte Gerichtslaube – ein kleiner, roter Backsteinbau, der im Erdgeschoss zu allen Seiten hin durch hohe Spitzbögen geöffnet ist.

Die Laube selbst ist weithin bekannt. Was jedoch kaum einer weiß ist, dass sie in früheren Zeiten Teil des Alten Berliner Rathauses war und dort als Gerichtsort diente. Im 17. Jahrhundert passte man das mittelalterliche Rathausgebäude dem barocken Zeitgeschmack an, doch blieb der Mittelpfeiler des Backsteinbaus trotz zahlreicher Umbauten im Originalzustand des 13. Jahrhunderts erhalten.

Nach der Fertigstellung des Roten Rathauses in Berlin im Jahr 1871, wurde das alte Rathaus weitestgehend abgerissen. Als nunmehr ältestes öffentliches Gebäude der Stadt blieb lediglich die Gerichtslaube

erhalten. Kaiser Wilhelm I. ließ sie 1871/72 im Park Babelsberg als Verweis auf ihre mittelalterlichen Ursprünge im neugotischen Stil wieder errichten.

Der original erhaltene Mittelpfeiler, auf dem das Gebäude ruht, verfügt über ein interessantes Kapitell mit Figurenreliefs. Sie stellen unterschiedliche Laster dar, die zu kriminellen Taten führen, über die vor Gericht geurteilt wird: Schweine stehen als Symbol für Völlerei und Unzucht, der Adler für Raubgier, der Affe für Neid und die Sirenen (Vögel mit Frauenkopf) für Hass und Zorn.

Jahrhundertelang fanden in Berlin rund um diesen Pfeiler öffentliche Gerichtsverhandlungen statt. Nicht wenige glauben, der Gerichtspfeiler stehe stellvertretend für die Eiche (bzw. Linde), an der in früheren Zeiten Gericht gehalten wurde.

Kopien des Pfeilers

Der Pfeiler in der Gerichtslaube – Symbol für die Gerichtsordnung, ohne die es Berlin so nie gegeben hätte – wurde mehrmals kopiert. Neben jenem im Berliner Rathaus, der noch heute die Decke eines achteckigen Raumes direkt unter dem Turm stützt (leider nicht zugänglich), finden sich Kopien im Märkischen Museum in Saal 5 (Berliner Stadtgeschichte) sowie im Restaurant Zur Gerichtslaube (Poststraße 28), das der ursprünglichen Laube, wie sie sich im 17. Jahrhundert zeigte, recht authentisch nachempfunden ist.

DER ADLERBRUNNEN IN PARK BABELSBERG

③

Ein verschollener imperialer Adler

Park Babelsberg – S7 (von Potsdam Hbf) Babelsberg

Ein Stück südwestlich von Schloss Babelsberg befindet sich der Adlerbrunnen, ein schlichter Steinsockel mit wasserspeienden Löwenköpfen an den Seitenmauern. Einst stand auf dem Sockel eine – namensgebende – Adlerskulptur, deren Verbleib unbekannt ist. Der Adler auf dem Brunnen, der als preußisches Wappentier später, als es Preußen gelungen war, die meisten deutschen Kleinstaaten in einem Nationalstaat zu einen, auch zum Symbol des Deutschen Reichs wurde, verschwand unter ungeklärten Umständen.

Kurioserweise konnte bis heute keine fotografische Abbildung gefunden werden, auf der der Original-Brunnen zu sehen wäre. Lediglich ein Aquarell des Berliner Malers Carl Graeb (um 1850) zeigt das Podest mit der Säule auf der ein Adler mit halb aufgespreizten Schwingen zu sehen ist, der in seinen Klauen einen länglichen Gegenstand hält. Bei aufmerksamer Betrachtung kommt man schnell zu dem Schluss, dass

es sich bei dem Adlerbrunnen in Babelsberg um eine nahezu exakte Nachbildung des Adlerbrunnens auf der Rheinterrasse von Schloss Stolzenfels bei Koblenz handelt. Auf dem dortigen Brunnen hält der Adler einen mit brennenden Strahlenbündeln umwickelten Donnerkeil, der seinen Träger zum Herrscher über Blitz und Donner macht.

In der griechisch-römischen Mythologie besiegt Zeus mit der Waffe des Blitzes die Titanen – Sinnbilder der rohen, chaotischen Naturgewalten. In den Klauen des Adlers, einem weiteren Attribut des Göttervaters Zeus, steht der Blitz somit für den Sieg über das Chaos. Von der römischen Antike bis hin zu Napoleon wird der mit dem Blitz, einer Lilie oder einem Zepter bewaffnete Adler in verschiedensten Ausgestaltungen als Symbol der Mächte dargestellt, die die Pax romana anzustreben vorgeben.

Blickt man auf die Geschichte der Wappentiere, so fand in der Heraldik neben dem Adler der Löwe ab dem 12. Jahrhundert im Heiligen Römischen Reich (Deutscher Nation) immer stärkere Verbreitung. Nach dem Tod Lothars III. (1075–1137) war zwischen dem Herzog von Schwaben und dem Herzog von Sachsen ein Streit um den Kaiserthron entbrannt. Als der Herzog von Schwaben schließlich zum Kaiser gekrönt wurde, weigerten sich die Anhänger des Herzogs von Sachsen, sich diesem zu unterwerfen – der Beginn der berühmten Feindschaft zwischen Ghibellinen und Guelfen. Zum Zeichen des Widerstands gaben die Guelfen als Gegner des Herzogs von Schwaben und damit des Kaisers den Adler als Wappentier auf und verlegten sich fortan auf den Löwen.

So erscheint es nur logisch, dass sich Preußen als imperialistische Macht, die aus dem Lager der Ghibellinen hervorgegangen war, auf dem Brunnen im Schlosspark Babelsberg in der Gestalt des Adlers präsentiert, der mit dem Blitz als Waffe über die hier als domestiziert dargestellten, wasserspeienden Löwen herrscht.

DAS AFFEN-KAPITELL IM KLOSTERHOF

4

Ein Relikt des Schiefen Turms von Pisa

Gärten von Schloss Glienicke
Königstraße 36
14109 Berlin
Tram 93 (von Potsdam Hbf) Glienicker Brücke

Unter den Hunderten von Relikten alter Denkmäler, die in den Gärten von Schloss Glienicke versammelt sind, bieten die Objekte im Klosterhof wohl die größte Überraschung. Gleich hinter dem Säulengang, der zum Innenhof führt, ist auf der rechten Seite eine Skulptur einer in Ketten gelegten Figur zu sehen. Bei der Darstellung, die ursprünglich einen Affen zeigte, der eine Frucht verspeist, handelt es sich um das Fragment eines Kapitells vom Schiefen Turm von Pisa.

Im Zuge von Renovierungsarbeiten (s. Abb. unten) wurde das Kapitell ersetzt und schließlich zum Verkauf angeboten. So gelangte es in den Besitz des leidenschaftlichen Sammlers Carl von Preußen, dem jüngsten Sohn des preußischen Königs Friedrich Wilhelm III., der sich eine Sommerresidenz in Glienicke eingerichtet hatte.

Weitere Relikte berühmter antiker Baudenkmäler in Glienicke

In den Gärten des Schlosses finden sich unweit des Brunnens mit der Darstellung der Laitière unter zahlreichen antiken Säulentrümmern auch Überreste des Poseidontempels von Kap Sounion (Griechenland) aus dem Jahr 420 v. Chr. Ein im Jahr 1872 erworbenes Fragment im Schlosshof soll aus Karthago stammen.

Der Klosterhof setzt sich im Wesentlichen aus Relikten byzantinischer Bauwerke zusammen, die um 1850 erworben wurden – zu einer Zeit, als sich kaum einer für diese Epoche interessierte. Sie gelten als erste Sammlung byzantinischer Kunst im modernen Europa.

DIE ATLANTEN IM GLIENICKER PARK

5

Ein vergessenes steinernes Geschenk

Königstraße 36
14109 Berlin
S1, 7 (Berlin-Wannsee), dann Bus 316 (Schloss Glienicke)

Die Steinbrocken im Glienicker Park fallen von Weitem nicht besonders auf. Wer sich aber unter den Bäumen genauer umsieht, der wird in der Nähe der Remise, nur wenige Schritte von der Orangerie entfernt, am Boden Erstaunliches entdecken: auf dem Rücken liegende Skulpturen von Männern, halb überwachsen mit Gras. Eigentlich sind es nur halbe Männer – sie enden unter dem Bauchnabel. Mit ihren starken Armen scheinen sie sogar noch im Liegen etwas über ihrem Kopf abzustützen.

Diese Steinskulpturen erhielt der Hausherr und Gestalter von Schloss und Park Glienicke, Prinz Carl von Preußen (1801–1883), im Jahr 1863 als Geschenk aus Berlin. Seine Sammelleidenschaft war bekannt – man wusste, dass er sich halbe Abrissklöster per Schiff aus Italien ins Schloss Glienicke an der Havel schicken ließ. Er sammelte alles, solange es nur halbwegs antik war: Teile von Reliefs, Bodenmosaiken, Wandverzierungen, Kapitelle, Fragmente von Statuen, Splitter von Balustraden, aus dem einstigen Kontext gerissen durch Krieg, langsamen Verfall, Vulkanausbrüche oder profanen Raub. Der Fußboden des Teepavillons „Kleine Neugierde" im Park von Glienicke etwa ist mit echten antiken Mosaiken aus Karthago geschmückt.

Die vier Sandsteinatlanten ohne Beine kamen „nur" aus dem Palais am Festungsgraben bzw. Palais Donner, das Friedrich II. Mitte des 18. Jahrhunderts für den Kammerdiener seiner verschmähten Gattin, der Königin Elisabeth von Preußen, hatte erbauen lassen. Die Figuren waren nach Entwürfen des Bildhauers und Porzellanmodellierers Ernst Heinrich Reichard (gestorben 1764), der die Königlich Preußische Porzellanmanufaktur (KPM) mit seiner Kunst zur Blüte brachte, aus schlesischem Sandstein gehauen worden.

Johann Gottfried Donner ließ ab den 1760er-Jahren sein Palais in klassizistischem Stil umbauen, um es schließlich an die königliche Finanzbehörde zu verkaufen. In diesem Kontext mussten die barocken Atlasfiguren wohl weichen.

100 Jahre später erwarb Prinz Carl das Jagdschloss Glienicke. Er ließ es als Wohnhaus für seinen Sohn durch Ferdinand von Arnim im frühbarocken Stil umgestalten und dabei die geschenkten Atlanten integrieren; mindestens zwei von ihnen „trugen" den Balkon an der Hoffassade. Als das Jagdschloss Ende des 19. Jahrhunderts, nach Carls Tod, erneut verändert wurde, wurden die Atlanten offenbar überflüssig. Seitdem liegen sie hier im Laub und warten auf einen angemesseneren Platz.

EINE KÜNSTLICHE SCHWEIZ

Ein Hauch von Hochgebirge

Königstraße
14109 Berlin
S1, 7 (Berlin-Wannsee), dann Bus 316 (Schloss Glienicke)

Berlin ist arm an Bergen. Ein paar Hügel, ein paar Kuppen, sonst ist da nichts. Umso spannender wirkt ein Bereich am Stadtrand, der den Namen Schweiz trägt – erst recht, wenn es dort wirklich steil ist.

Der Böttcherberg (66 Meter hoch), auf dem sich auch die Loggia Alexandra (siehe S. 218) befindet, entstand im Gegensatz zu vielen anderen Berliner Hügeln nicht nach dem Zweiten Weltkrieg als Trümmerberg. Er ist eine natürliche Erhebung aus der Eiszeit; deshalb liegen dort auch viele Findlinge zwischen uralten Eichen.

Ab 1841 ließ Prinz Carl von Preußen diese an sich schon wilde Gegend, durch die die Grenze zu Potsdam verläuft, in einen künstlichen Alpensteingarten verwandeln – eine Schweiz, wie man das seinerzeit nannte. Es begann mit einem schiffbaren Minikanal im Tal (dem Bäkekanal), an dessen bergseitigem Ufer sogenannte Schweizerhäuser entstanden, von denen einzelne noch erhalten sind und heute unter Denkmalschutz stehen.

Ein kleiner Bergfriedhof und eine Kapelle (beide existieren noch) säumten den Fahrweg zum Schloss Klein-Glienicke, der zunächst bis zu einer von Bäumen befreiten Almwiese anstieg. Hier konnte den Wanderern und Spaziergängern vor dem eigentlichen „Aufstieg" in der Restauration Milch oder Bier und eine Brotzeit gereicht werden.

Ein Graben, der noch aus Zeiten der Tongewinnung stammte, bot an dieser Stelle ideale Ausbaumöglichkeiten für eine alpine Schweiz. Zum Gipfel des Böttcherbergs führte ein schmaler Saumpfad, dessen Anfang mit aufgemauerten Felszacken sowie einem bepflanzten Steingarten akzentuiert wurde.

Auch ein Weinberg mit steilen Felsstufen verstärkte den Eindruck, am Fuß eines Gebirges zu stehen. Diese theatralische Landschaftsgestaltung mit reichlich Betonmörtel, Ziegeln und Rüdersdorfer Kalkstein war in Preußen damals einzigartig.

Die gemauerten Felsenstümpfe sind noch da, ebenso die hohen Weinbergsmauern.

DIE LOGGIA ALEXANDRA

Ein außergewöhnlicher Ort für die geliebte Schwester

Königstraße
14109 Berlin
S1, 7 (Berlin-Wannsee), dann Bus 316 (Schloss Glienicke)

Geht man von der Bushaltestelle an der Königstraße ein Stück in Richtung Wannsee zurück, kommt man rechts hinter dem Friedhof von Klein-Glienicke (einem Stadtteil Potsdams) in dichten Laubwald. Hier folgt der Weg ein kurzes Stück der Stadtgrenze zwischen Berlin und Potsdam und führt dann in sanftem Bogen nach Südwesten leicht bergauf. An der ersten Gabelung wendet man sich nach links, biegt etwa 150 Meter weiter rechts ab und erreicht wenige Minuten später die erstaunliche Loggia Alexandra, die selbst bei Berlinern fast unbekannt ist.

Das einst offene Belvedere auf dem Böttcherberg ließ Prinz Carl von Preußen 1870 erbauen und von seinem Hofbildhauer Alexander Gilli im Stil der florentinischen Frührenaissance ausmalen. Der Prinz trauerte hier um seine geliebte Schwester Charlotte von Preußen (1798–1860), die 1817 den russischen Großfürsten Nikolaus geheiratet hatte und als Alexandra Fjodorowna 1826 Zarin von Russland geworden war. Nach ihrem Tod hatte Carl zunächst eine steinerne Bank errichten lassen. Doch sie genügte ihm auf die Dauer nicht, um seinen Schmerz über den Verlust der seelenverwandten Schwester zu verarbeiten.

Vom Belvedere aus konnte der Prinz damals in der einen Richtung Potsdam sehen und in der anderen die Station drei des optischen Telegrafen auf dem Schäferberg. Wenn er sich in der Loggia seinen Erinnerungen an gemeinsame Romanlektüren mit der Schwester hingab, war er von tanzenden Feengestalten umringt, die als Fresken die Wände schmückten.

Nach Schäden durch Vandalismus im Kalten Krieg wurde das Belvedere um das Jahr 2000 aufwendig restauriert. Jetzt beschützt Sicherheitsglas die Wandgemälde und Mosaiken im Inneren.

Auf der Bank vor der Loggia genießt man einen fabelhaften Blick hinunter auf die künstliche Schweiz des Prinzen Carl von Preußen (s. S. 216).

DER KONSUM-SCHRIFTZUG

Ein Relikt aus Zeiten des Kalten Kriegs

Waldmüllerstraße 3
Bus 694 (von Potsdam Hbf) Rathaus Babelsberg + Bus 616 Schloss Babelsberg

In der Waldmüllerstraße 3 in Klein-Glienicke prangt auf einem Vorsprung über dem Hauseingang das Wort Konsum. Der Ursprung dieses Schriftzugs versetzt uns in die Zeiten des Eisernen Vorhangs.

Klein-Glienicke, ein Ortsteil der Gemeinde Potsdam, liegt quasi wie eine Enklave Potsdams gegenüber von Babelsberg auf der anderen Seite des Wassers und gehört durch die Wechselfälle der komplizierten administrativen Geschichte Berlins bis heute zum Bundesland Brandenburg (s. S. 222).

Mit Beginn des Kalten Kriegs und dem Bau der Grenze zwischen West-Berlin und Brandenburg waren die Bewohner von Klein-Glienicke fortan komplett von der Mauer umschlossen.

Einzige Zufahrt war die Brücke von Babelsberg über den Teltowkanal, die ausschließlich für Anwohner und Grenzschützer geöffnet war. Für die Versorgung mit Grundgütern musste angesichts der stark eingeschränkten Bewegungsmöglichkeiten eine Lösung gefunden werden. Besser in Klein-Glienicke ein Geschäft zur Nahversorgung eröffnen, als Tag für Tag Anwohner durch die strengen Grenzkontrollen auf der Brücke zu lotsen, dachten sich die Verantwortlichen, und beauftragten die Konsumgenossenschaft von Babelsberg, sich darum zu kümmern.

So wurde das auch als Havelschlösschen bezeichnete Gebäude in der Waldmüllerstraße 3 zeitweilig zum Café Clärchen, einer Fleischverkaufsstelle mit Imbissstube, und schließlich als eine der letzten Stationen der wechselvollen Geschichte dieses ländlichen Örtchens zum Konsum.

Dabei hatte zu Beginn des 20. Jahrhunderts alles so gut begonnen: Als attraktives Ausflugsziel für die Sommerfrische und die sonntägliche Landpartie beherbergte das Gebäude in der Waldmüllerstraße 3 zunächst einen Gasthof. Zahlreiche Gäste strömten zudem herbei, um den neuen Teltowkanal zu bewundern, der hier zu Füßen von Schloss Babelsberg Havel und Spree miteinander verbindet. Der Wassertourismus sowie verschiedene Gartenlokale boten Besuchern von Klein-Glienicke einen malerischen Rahmen für eine Fahrt ins Blaue und einige entspannte Stunden.

Die Geschichte der Exklave Klein Glienicke

Verlässt man Babelsberg Richtung Norden, gelangt man hinter der Brücke über den Teltowkanal in den Ortsteil Klein Glienicke. Als Exklave der Stadt Potsdam und des Landes Brandenburg blickt dieses bis an den Kanal heranreichende Berliner Stadtgebiet auf eine bewegte Geschichte zurück. Von besonderem Interesse sind hier die auf der Liste der UNESCO-Welterbestätten geführten sogenannten Schweizerhäuser aus dem 19. Jahrhundert.

Nachdem das mittelalterliche Dorf im Dreißigjährigen Krieg (1618 –1648) aufgegeben worden war, fand eine Wiederauferstehung von Klein Glienicke Anfang im 19. Jahrhundert statt. Ausschlaggebend dafür war die Verbindung zu Potsdam, der Königs- und Kaiserstadt schlechthin, insbesondere zum dortigen Jagdschloss und den architektonisch bedeutenden Bauten, die Carl von Preußen (1801 –1883), ein Sohn von Friedrich Wilhelm III., dort realisiert hatte. Das neue Klein Glienicke entstand parallel zu der am Südufer des Griebnitzsees gelegenen Villenkolonie Neubabelsberg. Die Gegend zog zahlreiche namhafte Persönlichkeiten aus Politik und Wirtschaft sowie Filmstars aus Berlin und Potsdam an.

Erst 1900 wurde Klein Glienicke mit dem Bau des Teltowkanals von Neubabelsberg abgetrennt. Gleichzeitig stellten die zunehmende Industrialisierung und Urbanisierung Berlins zu Beginn des 20. Jahrhunderts die bisherige Verwaltungseinteilung der Provinz

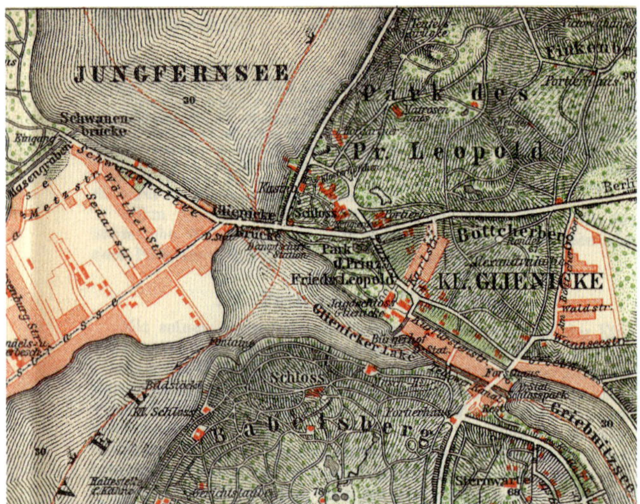

Brandenburg (im Falle von Klein Glienicke, des Landkreises Teltow) infrage.
Im Jahr 1920 wurden durch das sogenannte Groß-Berlin-Gesetz zahlreiche umliegende Gemeinden und Gebiete Berlins in das historische Stadtgebiet eingemeindet. Dazu gehörten sieben Städte, 59 Gemeinden und 27 Gutsbezirke. Es war dies die Geburtsstunde des modernen Berlins mit einer Fläche von 878 Quadratkilometern, wie wir es noch heute kennen. Aufgrund seiner Zugehörigkeit zur Gemeinde Neubabelsberg entging Klein Glienicke der Eingemeindung und wurde 1938 der Stadt Nowawes, dem späteren Babelsberg (s. S. 234) zugeteilt, das seinerseits im Folgejahr an Potsdam angegliedert wurde.
Als die Alliierten Deutschland nach Ende des Zweiten Weltkriegs in Besatzungszonen aufteilten, fand sich Klein Glienicke eingezwängt zwischen West-Berlin und dem DDR-Bezirk Potsdam direkt an der innerdeutschen Grenze. Als sogenannte Sondersicherheitszone war der Ort auf allen Seiten von der Grenzmauer umgeben und erhielt infolgedessen den Spitznamen „Blinddarm der DDR". Trotz drastischer Sicherheitsmaßnahmen waren jedoch mehrere über Klein Glienicke ausgeführte Fluchtversuche erfolgreich. Die wohl spektakulärste Flucht gelang 1973 durch einen 19 Meter langen, unter der Mauer hindurchgegrabenen Tunnel.

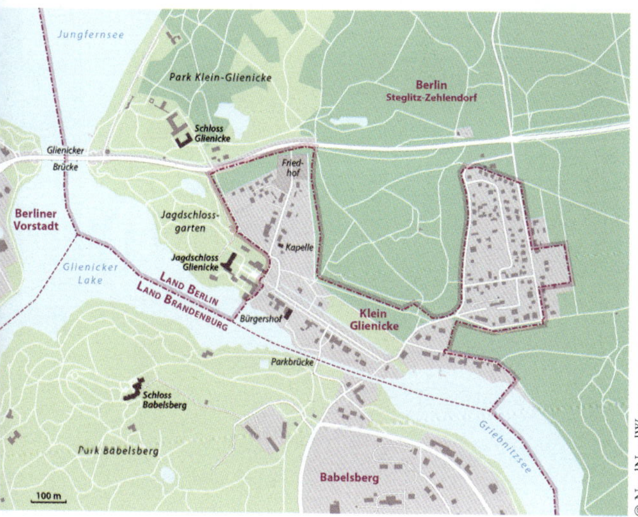

FASSADENKUNST IM PIN-UP-STIL ⑨

Ein modernes Kunstwerk im Stil alter Werbeplakate

Glasmeisterstraße 13
S7 Babelsberg

Nur wenige Schritte vom S-Bahnhof Babelsberg entfernt liegt die Glasmeisterstraße (früher Charlottenstraße). Gesäumt von Industrieanlagen zieht sie für gewöhnlich keine besondere Aufmerksamkeit auf sich. Und doch findet sich hier an der Fassade eines Gebäudes mit einem sich über 20 Meter erstreckenden Pin-up eines der wohl außergewöhnlichsten Kunstwerke von ganz Potsdam.

Auf den ersten Blick könnte man die Darstellung für eine alte Werbung halten. In Wahrheit stammt die Arbeit aus dem Jahr 2007, dem Jahr, in dem der Architekt Jochen Losereit mit seinem Büro in die Glasmeisterstraße 13 einzog und die großflächige Seitenfassade bei der Sanierung des Gebäudes mit einer Mischung aus Pop-Art à la Mel Ramos und Werbeelementen aus DDR-Zeiten verzieren ließ.

Das Gemälde zieht die Blicke der Nutzer des benachbarten Parkplatzes auf sich und ist tatsächlich von dem Werk *A.C. Annie* des für seine Werbe-Pin-ups berühmten kalifornischen Künstlers Mel Ramos inspiriert. Während die aus den 1970er-Jahren stammende *A.C. Annie* jedoch noch mit einer Zündkerze posiert, zeigt sich die frivole Dame aus der Glasmeisterstraße deutlich ökologischer und steht mit ihrer Energiesparlampe sinnbildhaft für das 21. Jahrhundert.

Das Wandgemälde vermittelt den Eindruck zweier halb heruntergerissener Werbeplakate, unter denen das Pin-up zum Vorschein kommt. Das erste Plakat mit seinem charakteristischen Schachbrettmuster informiert den Betrachter, dass 20 Zigaretten für 1,60 Mark zu haben seien. Die Idee hierfür geht zurück auf die filterlosen Karo-Zigaretten aus Dresden, die zu den günstigeren Eigenproduktionen aus dem Osten zählten. Die zweite Werbung trägt vor gelbem Hintergrund den Schriftzug „Plaste“, Markenname polymerer Kunststoffe, der in der DDR seit dem im Zuge der Planwirtschaft der 1960er- und 1970er-Jahre staatlich geförderten Aufschwung der Chemie- und damit Kunststoffindustrie allgegenwärtig war.

Die 1963 mit großem Pomp eingeweihte Druschba-Pipeline, die Deutschland mit den umfangreichen russischen Erdölvorkommen verbindet, machte Kunststoffe zu einem zentralen Element der ostdeutschen Wirtschaft. Der vermutlich berühmteste Slogan bewirbt neben starrem Plastik auch die elastischen Kunststoffe des VEB Chemische Werke Buna: „Plaste und Elaste aus Schkopau“.

DIE FASSADE IN DER FRIEDRICH-ENGELS-STRAẞE 36

⑩

Eine Anspielung auf den biblischen Sündenfall?

Friedrich-Engels-Straße 36
S7 (von Potsdam Hbf) Babelsberg

Das 1912 erbaute und 1997 sanierte Haus in der Friedrich-Engels-Straße 36 liegt abseits der üblichen Touristenpfade und wird daher leicht übersehen. Wer den Weg hierher findet, erkennt an der Fassade zwei Figuren, die den Vorsprung auf Höhe des ersten Stockwerks stützen: rechts ein Atlant (benannt nach Atlas, dem Himmelsträger aus der griechischen Mythologie), links eine Karyatide (Bezeichnung für Frauen aus Karyes, einem Dorf auf der Peloponnes, die versklavt und dazu verdammt wurden, schwere Lasten zu tragen).

Die Karyatide trägt ihre Last mit beiden Händen. In ihrem Haar sind Äpfel zu sehen und um die Säule, aus der ihre Büste erwächst, windet sich eine Schlange, die spontan Erinnerungen an die biblische Figur der Eva weckt. Der Atlant auf der rechten Seite ist eine männliche Figur, die einer Blättersäule entspringt und ihre Last mit einer Hand stemmt. Um die Säule windet sich eine Eidechse. In der Bibel wird die Schlange, die Adam und Eva dazu verführt, die verbotene Frucht vom Baum der Erkenntnis zu essen (symbolisiert durch den Apfel) von Gott im Buch Genesis mit den Worten bestraft: „ ... weil du das getan hast, bist du verflucht / unter allem Vieh und allen Tieren des Feldes. / Auf dem Bauch sollst du kriechen / und Staub fressen alle Tage deines Lebens.“ (Gen 3,14). Aus der Formulierung lässt sich schließen, dass die Schlange ursprünglich einmal Beine besessen haben musste, die Gott ihr zur Strafe nahm. Nicht selten wird sie in der biblischen Ikonographie vor der Verwandlung infolge des göttlichen Verbots mit Armen oder als eine Art Echse dargestellt. Dies lässt vermuten, dass es sich hier bei der männlichen Gestalt um eine Darstellung Adams im Paradies handelt.

Oberhalb des Paares, das mit dem Gewicht des Gebäudes symbolisch auch die Last der Erbsünde trägt, sind zwei Putten mit Flöte und Wasserschlauch dargestellt. Sie scheinen darauf zu verweisen, dass das Annehmen einer Strafe zum Erkenntnisgewinn führt.

Die Säulen, auf denen die Torsi der beiden Figuren ruhen, werden von kleinen Konsolen gestützt, auf denen Zirkel, Lineal und Winkelmaß dargestellt sind. Diese typischen Freimaurersymbole verweisen an dieser Stelle vermutlich schlicht auf das Wappen der Zunft der Maurer, die das Gebäude einst errichteten.

DAS ZIEGELBAND AM NEUENDORFER ANGER

11

Erinnerung an die 1952 gesprengte Bethlehemkirche

Neuendorfer Anger
Bus 601, 690, 694 (von Potsdam Hbf) Rathaus Babelsberg

Am Neuendorfer Anger findet sich an der heutigen Kirche eine Markierung aus Ziegelsteinen im Boden. Sie zeigt den Umriss der einstigen Bethlehemkirche, deren Fundamente bei Sanierungsarbeiten an der Neuendorfer Kirche und der Neugestaltung des Platzes in den Jahren 2001 bis 2007 zutage traten.

Die mittelalterliche Fachwerkkirche von Neuendorf befand sich 1844 in einem derart bemitleidenswerten Zustand, dass die Gemeinde sich kurzerhand an Prinz Wilhelm wandte, der nicht weit entfernt auf Schloss Babelsberg seine Sommerresidenz hatte. Der Prinz, ein Bruder des Königs (und später als Wilhelm I. selbst König von Preußen), gab die

Bitte an König Friedrich Wilhelm IV. weiter, der wiederum zusagte, sich der Sache anzunehmen. Anfangs sahen die Pläne von Christian Heinrich Ziller (1791–1868) für Neuendorf eine neuromantische Backsteinkirche nach Vorbild der zwei Jahre zuvor erbauten Dorfkirche von Petzow vor. Als großer Architekturliebhaber gab Friedrich Wilhelm IV. letztlich aber einem eigenen Entwurf den Vorzug, der von der Kirche St. Gereon in Köln mit ihrem markanten zehneckigen Zentralbau inspiriert war. Die Neuendorfer Kirche erhielt in Anlehnung daran einen achteckigen Zentralbau (Oktogon) und wurde zwischen 1850 und 1852 auf dem Dorfanger (s. S. 230) errichtet. Die mittelalterliche Fachwerkkirche riss man nach Fertigstellung des Oktogons ab.

In der zweiten Hälfte des 19. Jahrhunderts erlebte die Stadt Potsdam und ihr Umland einen derartigen Bevölkerungszuwachs, dass die kleine achteckige Kirche den Bedürfnissen einer wachsenden Gemeinde schon bald nicht mehr gerecht wurde. Bereits 1871 gab es Erweiterungspläne, die jedoch nie realisiert wurden. Schließlich erging der Beschluss, direkt neben dem Oktogon, am Standort der früheren mittelalterlichen Kirche, einen neuen Sakralbau zu errichten. So entstand in den Jahren 1898/99 die Bethlehemkirche, ein von Ludwig von Tiedemann entworfener neugotischer Backsteinbau mit einem 55 Meter hohen Turm. Die alte achteckige Kirche nutzte man nach ihrer Entweihung fortan als Lagerhalle. Im 20. Jahrhundert wurde Neuendorf zum Spielball der bewegten deutschen Geschichte. Die Glocken aus dem 16. und 17. Jahrhundert (die anfangs in der mittelalterlichen Fachwerkkirche, später im Oktogonbau und schließlich in der Bethlehemkirche schlugen) landeten im Ersten Weltkrieg, als die Rüstungsindustrie ihren Metallbedarf drastisch erhöhte, im Schmelzofen.

während des Zweiten Weltkriegs beschädigten Luftangriffe die Bethlehemkirche 1941 und 1945 schwer, und zu DDR-Zeiten, als zahlreiche Kirchenbauten gesprengt wurden, ereilte dieses Schicksal 1952 auch die Bethlehemkirche als eine von vier Potsdamer Kirchen.

Der alte Oktogonbau blieb weiterhin ungenutzt und verfiel zusehends. 1975 wurde das Dach abgetragen. Wäre es nach den DDR-Stadtplanern gegangen, hätte der heruntergekommene Bau im Zuge der Planungen zum Ausbau der Nuthe-Schnellstraße einer Zubringerstraße weichen müssen. Widerstand aus der Bevölkerung verhinderte die Sprengung der Ruine, sodass die Alte Neuendorfer Kirche nach der Wiedervereinigung schließlich wieder aufgebaut werden konnte.

Zwei Glocken der früheren Bethlehemkirche haben die Wirren der Zeit überdauert und sind heute am Neuendorfer Anger 3 zu sehen (s. S. 233).

Der Neuendorfer Anger: ein Relikt mittelalterlichen Dorflebens

Kaum etwas erinnert in Potsdam an das Mittelalter. Praktisch alle historischen Bauten dieser Zeit in den rund um Potsdam gelegenen Dörfern wurden durch den barocken und modernen Städtebau verwischt. Doch es gibt eine Ausnahme: der Neuendorfer Anger im ältesten Teil des modernen Babelsberg. Strategisch günstig an der Havelquerung gelegen, bildeten das Dorf und die slawische Festung während der Ausweitung der Markgrafschaft Brandenburg nach Osten den Grundstein für das heutige Potsdam und blieben bis zur Gründung von Neuendorf die bedeutendste lokale Siedlung.

Das erstmals 1375 urkundlich erwähnte Neuendorf ist ein typisches Rundangerdorf, wie sie im Zuge der hochmittelalterlichen Ostsiedlung in einer Mischung aus slawischen und germanischen Strukturen häufig entstanden – mit einem zentralen Platz, dem Anger, um den herum die Höfe und die Ländereien der Bauern angeordnet waren.

Auf dem Anger spielte sich das Leben der Dorfgemeinschaft ab – von Festen bis hin zu Märkten. Als zentraler gemeinsamer Platz war er für die Bewohnerinnen und Bewohner des Dorfs identitätsstiftend. Bei der Nutzung des Angers finden sich zahlreiche lokale Varianten. Mancherorts handelte es sich dabei um eine öffentliche Weidefläche, in anderen Dörfern wurde der Anger bei der Ernte auch als Dreschplatz genutzt.

In Neuendorf entstand auf dem ovalen Dorfplatz 1585 eine kleine Fachwerkkirche. An deren Stelle trat im 19. Jahrhundert auf Initiative und nach Plänen von Friedrich Wilhelm IV. eine neue, achteckige Kirche (auch bekannt als Oktogon, s. S. 228). Mit der industriellen Revolution verstädterten und industrialisierten sich die Dörfer um Potsdam herum zunehmend, was insbesondere die alte, 1751 gegründete Weberkolonie Nowawes betraf. Auch das Dorf Neuendorf verlor an Bedeutung und wurde 1907 trotz Widerstand aus der Bevölkerung nach Nowawes eingemeindet.

Die mittelalterliche Angerform blieb in Neuendorf jedoch anders als in den meisten Dörfern um Berlin und Potsdam erhalten – eine weitere rare Ausnahmen bildet Alt-Lübars im Norden von Berlin (Reinickendorf), das sich ebenfalls seinen historischen Dorfanger bewahren konnte.

In den 1970er-Jahren drohte der Neuendorfer Anger zu verschwinden, als DDR-Stadtplaner die Ruinen des Oktogons für einen Zubringer zur Nuthe-Schnellstraße abreißen wollten. Dem Protest der Bevölkerung ist es zu verdanken, dass das Vorhaben

schließlich aufgegeben wurde und der Neuendorfer Anger noch heute in seiner ursprünglichen Form erkennbar ist.
Nach der Wiedervereinigung waren es erneut die Bewohnerinnen und Bewohner von Neuendorf, die sich für die Wiederherstellung des alten Angers einsetzten.

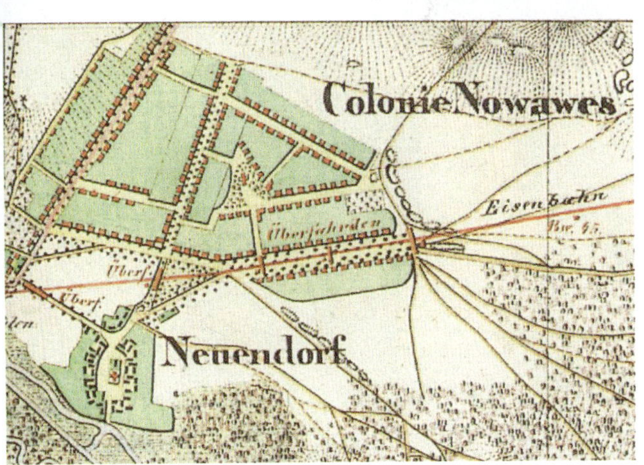

DER BABELSBERGER BACKOFEN

(12

Lebendiges Kulturerbe

Neuendorfer Anger 3
backofen-babelsberg.de
Bus 601, 690, 694 (von Potsdam Hbf) Rathaus Babelsberg

Lange Zeit stand der traditionell zum Backen von Brot genutzt Holzofen im Zentrum des Dorflebens, so sicher auch in Neuendorf einem kleinen, mittelalterlichen Marktflecken im heutigen Babelsberg

Der Babelsberger Backofen befindet sich im Garten eines ehemaligen Bauerngehöfts am Neuendorfer Anger 3. Er wurde bis zum Zweiten Weltkrieg genutzt und war später dem Verfall preisgegeben. Vollständig abgerissen wurde die Ruine jedoch nicht.

In enger Abstimmung mit der Denkmalschutzbehörde begannen die Eigentümer 2008 mit der Sanierung des Ofens. Seit 2012 ist der Backofen wieder in Gebrauch.

Mehrmals im Jahr finden Backtage statt, an denen man im Garten des Grundstücks wie anno dazumal frisch gebackenes Brot direkt aus dem historischen Ofen kaufen kann.

Die Vorschrift über die Anlegung von Dorfbacköfen von 1761

Ursprünglich gab es im Dorf mehrere Backöfen. Diese waren zum Teil jedoch recht nah an den Häusern gebaut worden, sodass es durch Funkenflug regelmäßig zu Bränden kam. Im 18. Jahrhundert wurden im Zuge der Vereinheitlichung des für die Dorfgemeinschaften so wichtigen Brotbackens neue Vorschriften erlassen, mit denen die Bauweise der Öfen standardisiert und sicherer gemacht werden sollte. In Preußen waren die neuen Regelungen in der Schrift *Über die Anlegung von Backöfen in den Dörfern* von 1761 klar formuliert. Demnach musste der Ofen über einen Schornstein verfügen, eine Mindestentfernung von mehr als 30 bis 40 Schritten vom nächsten Gebäude aufweisen sowie einen Vorraum und eine Ziegelabdeckung besitzen. Der Backofen selbst musste rund einen Meter tief unter der Erde liegen und über den Eingang erreichbar sein, um Feuer und Glut stets im Blick zu haben. Diese Öfen spielten eine zentrale Rolle im Dorfleben, denn einmal wöchentlich kamen die Bewohnerinnen und Bewohner hier zusammen, um Brot zu backen.

Der Weg zum Ofen führt an zwei Glocken der früheren Bethlehemkirche vorbei, die dem Einschmelzen zu Kriegszeiten entgangen sind (s. S. 229).
Nach der Sprengung und Abtragung der Kirchenruine galt das gesamte Inventar des Gotteshauses als verloren. Dem *Förderverein Alte Neuendorfer Kirche und Neuendorfer Anger e. V.* jedoch ist es gelungen, diese beiden Glocken wieder aufzufinden.

DAS FLACHRELIEF AM KULTURHAUS BABELSBERG

13

Erinnerung an die Choden aus Böhmen

Karl-Marx-Straße 135
S7 (von Potsdam Hbf) Babelsberg

Das Relief über dem Haupteingang des Kulturhaus Babelsberg ir alten Babelsberger Rathaus wird oft übersehen. Es zeigt eine bärtigen Mann mit Stock, hohen Stiefeln und großem Hut. Es handel sich hierbei um das Wappen einer Ortschaft, die sich auf dem Gebie des heutigen Stadtteils Babelsberg befand und den Namen Nowawe trug (tschechisch *nová ves* = „neues Dorf"). Der Mann trägt di traditionelle Tracht der Choden, einem Volk aus Ostböhmen in de heutigen Tschechischen Republik.

In der zweiten Hälfte des 18. Jahrhunderts unterstand Böhmen der Herrschaft der Habsburger, die alle Nichtkatholiken unerbittlich verfolgten. Friedrich der Große sah darin eine gute Gelegenheit, um qualifizierte Arbeitskräfte nach Preußen zu locken. Sein Ziel: Preußen in Sachen Textilien unabhängiger zu machen. So ließ er am Stadtrand von Potsdam eine Weberkolonie für böhmische Protestanten errichten. Weniger als 20 Jahre später zählte der Ort bereits 1000 Einwohner, von denen zwei Drittel aus Böhmen stammten.

Aber zurück zur Darstellung auf dem Wappen: Warum sollte ein Böhme derart ausstaffiert dargestellt werden – in einem Gewand, das kaum den Stand eines Webers wiedergeben dürfte? Die Erklärung reicht bis in das 13. Jahrhundert zurück. Damals erteilte der böhmische König Bauern aus den westlichen Karpaten den Befehl, die Südwestgrenzen des Reichs zum Schutz vor einem Einfall der Bayern zu überwachen. Für ihre langen Aufenthalte in den Wäldern waren die Grenzwächter mit einem langen Wanderstock, kniehohen Stiefeln und breitkrempigen Hüten ausgestattet (sowie mit langen Mänteln, die auf dem Wappen nicht zu sehen sind). Sie unterstanden dem direkten Befehl des Königs und erhielten umfangreiche Privilegien wie das Recht, in den Wäldern Holz zu schlagen und sich in diesen uneingeschränkt aufzuhalten. Ausgestattet mit der Befugnis zur Selbstverwaltung, gründeten sie unter einer gemeinsamen Flagge 13 Dörfer. So entstand das stolze, freiheitsliebende Volk der Choden (tschechisch *chodit* = „gehen"), das nach 300 Jahren der Eigenständigkeit aufzubegehren begann, als es gegen Ende des 17. Jahrhunderts seiner Privilegien beraubt werden sollte. Der Aufstand wurde niedergeschlagen, doch die Erinnerung an den chodischen Freiheitstraum blieb tief im Gedächtnis aller Böhmen verankert, die sich im Laufe der Geschichte immer dann, wenn sie wie die Weber zu Zeiten der religiösen Verfolgungen Opfer von Unterdrückung wurden, auf ihre einstige Freiheit beriefen.

Das Wappen von Nowawes von 1753 zeigt einen chodischen Wächter, über ihm der preußische Adler und der Leitspruch „Unter deinem Schutz".

DIE WEIßE MAULBEERE AM WEBERPLATZ

14

Letztes Zeugnis der Seidenproduktion in Babelsberg

Ecke Weberplatz/Lutherstraße – S7 (von Potsdam Hbf) Babelsberg

Der mächtige Baum an der Ecke Weberplatz/Lutherstraße ha so schwer an seinem Gewicht zu tragen, dass einer seiner Äst gestützt werden muss. Es handelt sich hier um den letzten Weißen Maulbeerbaum, der in Babelsberg noch heute von einem groß angelegten Vorhaben Friedrichs II. zeugt, in dessen Zuge einst Tausende diese Bäume angepflanzt worden waren.

Im Jahr 1685 widerrief Ludwig XIV. in Frankreich das Edikt von Nantes, das calvinistischen Protestanten Religionsfreiheit und volle Bürgerrechte gewährt hatte. Dreihunderttausend hugenottische Protestanten flohen hierauf ins Exil. Zahlreiche siedelten sich in Preußen an – darunter viele qualifizierte Handwerker, die insbesondere ihre Kenntnisse zur Produktion von Seide nach Preußen brachten. Einhundert Jahre später indes verharrte die preußische Seidenproduktion trotz der explodierenden Nachfrage noch immer auf marginalem Niveau. Friedrich II. beschloss daraufhin, Preußen von der teuren Einfuhr chinesischer Seide unabhängig zu machen und räumte der Herstellung von Seide höchste Priorität ein. Zwei Drittel der während seiner Regentschaft gewährten Subventionen flossen in diesen Sektor.

Da Seide aus dem Faden einer Raupenart gefertigt wird, die sich ausschließlich von den Blättern der Weißen Maulbeere ernährt, ließ Friedrich II. in ganz Preußen mehr als eine Million dieser Bäume pflanzen, 600 000 davon allein in Brandenburg. Am Ende der Herrschaft von Friedrich II. war Preußen in der Lage, seinen kolossalen Eigenbedarf von ganzen neun Millionen Tonnen Seide jährlich selbst zu decken.

Zentrum der preußischen Seidenproduktion waren Potsdam und Umgebung. Nach Wunsch von Friedrich II. sollte der neue Wirtschaftszweig den Webern von Nowawes (dem heutigen Babelsberg, s. S. 234), die unter ausgesprochen miserablen Lebensbedingungen zu leiden hatten, einen zusätzlichen Verdienst ermöglichen. So wurden in den 1780er-Jahren in Potsdam und Umgebung 27 000 Weiße Maulbeerbäume gepflanzt. Doch die asiatische Baumart erwies sich als pflegeintensiv und wenig geeignet für das Brandenburger Klima. Vor allem die kalten Winter setzten der Maulbeere schwer zu. Bereits 1827 gab es in Nowawes nur noch wenige hundert Bäume.

Abgesehen von einigen Namen wie Weberplatz, Plantagenplatz, Plantagenstraße und Plantagenhof (die auf einstige Maulbeerplantagen verweisen) oder der Maulbeerallee im Schlosspark Sanssouci sind heute in Babelsberg und Potsdam kaum mehr Spuren dieser einst so weit verbreiteten Kultur zu finden.

Weitere Maulbeerbäume in Potsdam

Die Maulbeerbäume, die heute noch in Potsdam zu finden sind, lassen sich an einer Hand abzählen. Neben jener Weißen Maulbeere am Weberplatz stehen drei Bäume an der Ecke Grenzallee/Kirschallee in Potsdam Nord und vier Am Heineberg, rund 200 Meter nördlich der Mitschurinstraße. Zwei weitere Maulbeerbäume sollen auch heute noch an der Maulbeerallee zu sehen sein.

MEDAILLON DES KRANICHS UND DES KIESELSTEINS

⑮

Ein vergessenes Symbol für Wachsamkeit und Weisheit

Villa Lademann – Karl-Marx-Straße 66
S7 Griebnitzsee

Die Villa Lademann ist in praktisch allen Reiseführern zu finden: In dem auffälligen Bau mit Türmchen und Zinnen residierten während der 1930er-Jahre zahlreiche deutsche Filmstars; er fungierte als Gästehaus des Filmunternehmens UFA.

Das strahlende Weiß der von rotbraunen Backsteinen gesäumten Fassade wird nur durch ein meist wenig beachtetes Detail unterbrochen: Zwischen den Fenstern des ersten und des zweiten Stockwerks befindet sich ein graues Steinmedaillon, auf dem ein bedrohlich dreinblickender Kranich zu sehen ist, der in einem seiner Krallenfüße einen kleinen Stein hält.

Die Darstellung ist schnell erklärt: Es handelt sich um das Wappen von General Friedrich Wilhelm Albert Oskar Lademann (1840–1930), in dessen Auftrag der Architekt Gustav Lilienthal (Bruder des Flugpioniers Otto Lilienthal, s. Reiseführer *Verborgenes Berlin* im selben Verlag) die Villa Ende des 19. Jahrhunderts erbaute.

Welche Tiere in der Heraldik Verwendung finden, hängt in der Regel von den realen oder vermeintlichen Tugenden ab, die diesen von antiken oder mittelalterlichen Schriftstellern zugeschrieben wurden.

Der Kranich als Zugvogel zählt zu den Schwarmtieren, die sich in schwindelerregender Höhe in V-förmigen Formationen zusammenfinden, wobei meist das älteste und erfahrenste Tier die Rolle des Anführers einnimmt und den anderen Vögeln des Zugs den Weg weist und Windschatten bietet.

Solche Schwärme überwinden weite Flugstrecken, auf denen sie immer wieder Ruhepausen einlegen. Der Legende nach halten die Tiere dabei – einem bestimmten System folgend – abwechselnd Wache. Um nicht einzuschlafen, steht das wachhabende Tier auf einem Bein und hält in den Krallen des anderen einen Stein, der zu Boden fällt und es aufweckt, falls es einschlafen sollte.

In alten Wappen symbolisiert der Kranich daher oft Wachsamkeit. Er wird hier zum Beschützer und verweist damit traditionell auf die Rolle eines Soldaten oder Vaters, der besonnen über das Vaterland beziehungsweise das Haus wacht. In diesem Sinne ist sicher auch das Wappen an der Villa Lademann zu verstehen, benannt nach einem General und Oberhaupt einer großen Familie. Gestützt wird diese Interpretation durch den festungsartigen Baustil als Zeichen für Stabilität und Sicherheit.

Manche Autoren schreiben dem Kranich die Fähigkeit zu, den Stein als Ballast beim Flug durch schwierige Winde zu verwenden. So verstanden, verweist die Darstellung auf die praktische Weisheit, Begonnenes erfolgreich zu Ende zu bringen.

DAS MAHNMAL AM HIROSHIMA-NAGASAKI-PLATZ

16

Gegenüber dem Ort, an dem der Befehl zum Abwurf der Atombomben auf Hiroshima und Nagasaki gegeben wurde

Hiroshima-Nagasaki-Platz und Karl-Marx-Straße 2
S7 Griebnitzsee

Gegenüber der Karl-Marx-Straße 2 in Babelsberg markiert ein 36 Tonnen schwerer Stein den Ort, an dem Harry S. Truman 1945 grünes Licht für die Atomangriffe auf Hiroshima und Nagasaki gab. Ein Teil der Anlage umfasst eine Gedenkplatte, in die zwei große Steine eingebettet sind; sie wurden aus den Trümmern von Hiroshima (rechts) und Nagasaki (links) geborgen. Gestaltet hat das Mahnmal der japanische Kunstprofessor und Künstler Makoto Fujiwara (1938–2019), der zuletzt in Deutschland und Norwegen lebte.

Nach dem Sieg der Alliierten über Nazideutschland im Mai 1945 nahm US-Präsident Truman gemeinsam mit Stalin und Churchill bzw. später Attlee vom 17. Juli bis zum 2. August an der Potsdamer Konferenz auf Schloss Cecilienhof teil.

Untergebracht war er in dieser Zeit in der Karl-Marx-Straße 2 (damals Kaiserstraße) in Haus Erlenkamp, einer herrschaftlichen Villa mit Blick auf den Griebnitzsee, die wenige Wochen zuvor eigens zu diesem Zweck beschlagnahmt worden war. In dieser Villa, der Truman in seinen Memoiren später den Beinamen Little White House („Kleines Weißes Haus") gab, erhielt der US-Präsident am 16. Juli 1945 unter strengster Geheimhaltung Kunde vom Erfolg des Trinity-Tests, der ersten Kernwaffenexplosion der Geschichte. Hier erteilte er am 25. Juli den Befehl, Japan mit Atomwaffen anzugreifen, sobald es die Witterungsbedingungen ab dem 3. August zuließen.

Mehr als 75 Jahre später steht diese Entscheidung noch immer stark in der Kritik. Der Verein *Hiroshima-Platz Potsdam e.V.* hatte sich seit 2005 für die Einrichtung eines Gedenkorts auf dem damals namenlosen Platz gegenüber dem Gebäude eingesetzt, das im Volksmund schon lange Truman-Villa genannt wurde.

Am 25. Juli 2010 wurde die Anlage schließlich zeitgleich mit der Benennung des Hiroshima-Platzes (der Anfang 2012 in Hiroshima-Nagasaki-Platz umgetauft wurde) eingeweiht.

DER HUBSCHRAUBERLANDEPLATZ ⑰ IN STEINSTÜCKEN

Steinstücken, eine Westberliner Exklave mit eigener Mauer

Am Landeplatz – 14109 Berlin
U7 (Griebnitzsee, Potsdam), dann Bus 694 (Rote-Kreuz-Straße, Potsdam)

Man kann sich kaum ein seltsameres Denkmal ausdenken: Rotorblätter von amerikanischen Armeehubschraubern der 1960er-Jahre, aufgerichtet wie geschulterte Gewehre – und das am Rand eines Kinderspielplatzes.

Auf dem Spielplatz selbst steht auch noch ein stilisierter Hubschrauber, aus farbigen Stangen zusammengeschweißt, der als Kletter- und Spielgerüst für die Kinder dient, so als habe es hier mit Hubschraubern eine besondere Bewandnis.

Tatsächlich landeten an diesem Ort von 1961 bis 1972 täglich amerikanische Armeehubschrauber, um die Westberliner Exklave Steinstücken innerhalb der DDR (siehe S. 248) mit lebensnotwendigen Gütern zu versorgen. Das winzige Steinstücken hatte damals 300 Einwohner, und obwohl es mitten in Potsdam-Neubabelsberg lag, gehörte es zum Berliner Ortsteil Wannsee (Bezirk Steglitz-Zehlendorf).

Seine Exklavenlage hatte sich bereits 1920 bei der Bildung Groß-Berlins ergeben, war aber zunächst für die Bewohner unbedeutend; sie fühlten sich Babelsberg zugehörig.

Erst nach dem Zweiten Weltkrieg nahm die Situation mit den Besatzung durch die Sowjetunion und die Westallierten ab 1945 eine Wendung und verschärfte sich noch durch die offizielle Gründung der beiden deutschen Staaten im Jahr 1949.

Im Oktober 1951 scheiterte ein Versuch der DDR, Steinstücken zu annektieren – nach vier Tagen Besetzung intervenierten die Amerikaner. 1952 zäunte die DDR das Gebiet ein, um den einzigen Weg nach Wannsee überwachen zu können, der den inzwischen nur noch 200 Einwohnern blieb. Besucher und Zulieferer, die hierherwollten, mussten einen Zweitwohnsitz in Steinstücken nachweisen. Nach dem Mauerbau 1961 blieben drei US-Soldaten in Steinstücken stationiert. Ab jetzt erleichterten Hubschrauber die Lebensmittelversorgung; Strom und Wasser jedoch kamen aus der DDR.

Nach einem Gebietsaustausch infolge des Viermächteabkommens

von 1971 wurde die Exklave mittels eines 900 Meter langen und 100 Meter breiten Korridors mit Wannsee verbunden. Die DDR versetzte die Mauern, sodass eine breite, zweispurige Stichstraße gebaut und am 30. August 1972 feierlich durch den Berliner regierenden Bürgermeister Klaus Schütz eröffnet werden konnte. Auch die Anbindung an das Westberliner Nahverkehrsnetz (Bus 118) war nun hergestellt. Die Versorgung mit Energie und Wasser wurde auf Belieferung aus Westberlin umgestellt.

Die Hubschrauber kamen nicht mehr und den Kindern fehlte die tägliche Attraktion. Die Eltern dagegen freuten sich über die steigenden Grundstückspreise und die Möglichkeit, endlich die Autos auf die Höfe holen zu können. Nur einige trauerten angesichts der wachsenden Zahl neugieriger Touristen, die aus Berlin kamen, ihrem heroisch-skurrilen Inseldasein hinterher – denn das war nun endgültig vorbei.

Die Geschichte der Berliner Exklaven

Das heutige Berlin ist das Ergebnis der Gründung von Groß-Berlin am 1. Oktober 1920. Damals wurden rund 100 Städte, Dörfer und Gemeinden, die das alte Berlin umgaben, zusammengefasst und eingemeindet. Dadurch entstanden ein Dutzend Berliner Exklaven im benachbarten Land Brandenburg. Nach dem Ende des Zweiten Weltkriegs und mit der Aufteilung Deutschlands in Besatzungszonen wurden die Westberliner Exklaven, die im amerikanischen und britischen Sektor lagen, zu Enklaven in der sowjetischen Besatzungszone und ab 1949 der Deutschen Demokratischen Republik (DDR). Angesichts der Existenz dieser Enklaven blieben politische Spannungen natürlich nicht aus, vor allem in Steinstücken (siehe S. 242), der einzigen bewohnten Enklave. Um die Bewegungsfreiheit zwischen Westberlin und seinen Exklaven zu erleichtern, wurden insgesamt drei Vereinbarungen getroffen:

– Am 21. Dezember 1971 wurde ein Abkommen unterzeichnet, mit dem sechs Enklaven durch Gebietsaustausch aufgelöst wurden: Der DDR wurden Gebiete am Böttcherberg, die Fichtenwiesen, die Große Kuhlake und die Nuthewiesen (insgesamt 15,6 Hektar) zugesprochen. Im Gegenzug dafür erhielt Westberlin einen 17,1 Hektar umfassenden Gebietsstreifen zwischen Steinstücken und Kohlhasenbrück, einen Korridor, über den Steinstücken ab diesem Zeitpunkt an Westberlin angeschlossen war. Für dieses 2,3 Hektar große zusätzliche Stück Land musste Westberlin eine Ausgleichszahlung in Höhe von 4 Millionen D-Mark an die DDR leisten.

– Am 21. Juli 1972 verkaufte die DDR für 31 Millionen D-Mark das 8,5 Hektar große Areal des ehemaligen Potsdamer Bahnhofs, das zuvor zum Bezirk Mitte gehört hatte.

– Am 31. März 1988 fand ein weiterer Austausch statt, unter anderem um die fünf letzten verbleibenden Enklaven aufzulösen: Die DDR erhielt die Falkenhagener Wiesen, Finkenkrug und die Wüste Mark sowie einen 50 Meter breiten Streifen am Eberswalder Güterbahnhof nördlich der Bernauer Straße (Wedding), Teil des heutigen Mauerparks (insgesamt 87,3 Hektar). Westberlin durfte im Gegenzug Erlengrund und die Fichtenwiesen eingemeinden und erhielt zudem 14 Flächen von insgesamt 96,7 Hektar entlang der inneren und äußeren Stadtgrenzen, darunter das Lenné-Dreieck am Potsdamer Platz. Als Werteausgleich zahlte der Senat 76 Millionen D-Mark an die DDR-Regierung. Die Stadtgebietsfläche von Westberlin vergrößerte sich durch den Austausch, insbesondere durch die Eingliederung der DDR-Enklave Tiefwerder in den Bezirk Spandau, um 9,4 Hektar.

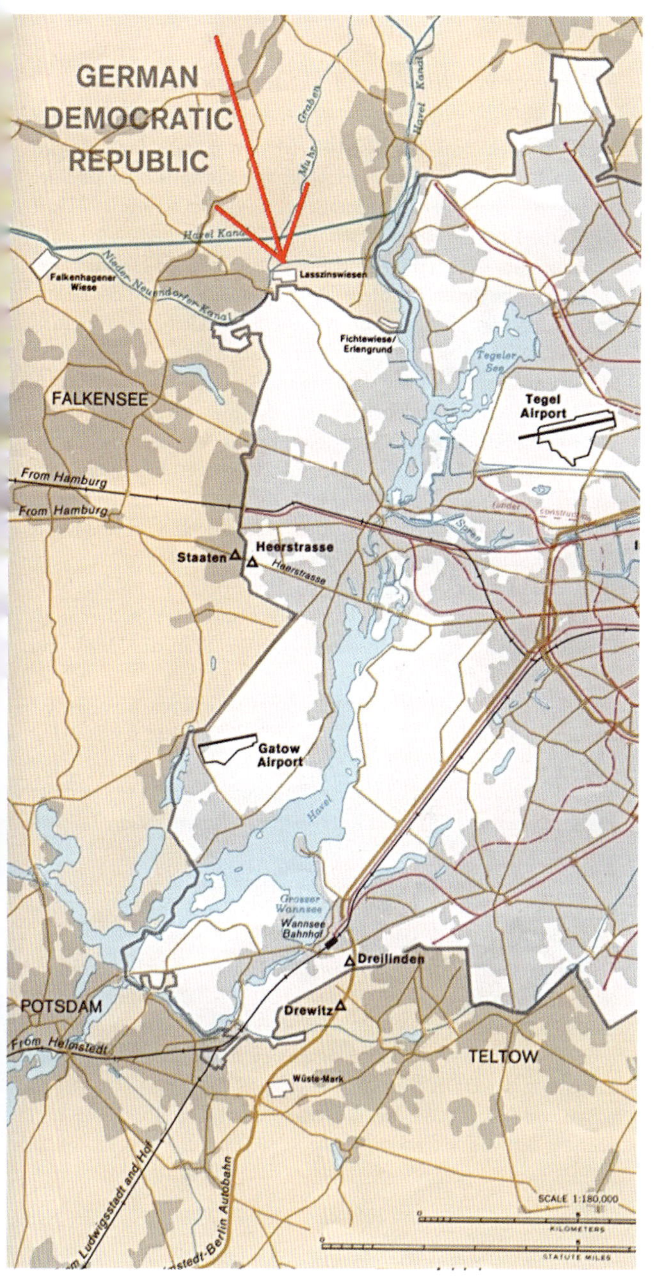
GERMAN
DEMOCRATIC
REPUBLIC
Havel Kanal
Muhe Graben
Havel Kanal
Falkenhagener Wiese
Nieder-Neuendorfer-Kanal
Lasszinswiesen
Fichtewiese/ Erlengrund
Tegeler See
Tegel Airport
FALKENSEE
From Hamburg
From Hamburg
Spree
Staaten
Heerstrasse
Heerstrasse
Gatow Airport
Havel
Grosser Wannsee
Wannsee Bahnhof
Dreilinden
POTSDAM
Drewitz
From Helmstedt
TELTOW
Wüste-Mark
From Ludwigsstadt and Hof
Helmstedt-Berlin Autobahn
SCALE 1:180,000
KILOMETERS
STATUTE MILES

Die zwölf Westberliner Exklaven in der DDR

– Böttcherberg (0,3 Hektar): drei separate, unbewohnte Gebietsstreifen von 20 bis 100 Metern Länge und einigen Metern Breite in unmittelbarer Nähe zur südwestlichen Berliner Stadtgrenze (nahe der Königstraße). Das Gebiet wurde 1971 der DDR überlassen und gehört seitdem zu Potsdam.

– Erlengrund (0,51 Hektar) und Fichtenwiesen (3,51 Hektar): zwei Parzellen nahe Berlin, nördlich des Spandauer Forsts an der Havel. Beide Ortslagen wurden von Westberliner Kleingartenvereinen unterhalten. Der Weg auf die Grundstücke führte begleitet von Ostberliner Grenzsoldaten durch eine Tür in der Berliner Mauer bis zu einem Kontrollposten. Der Zugang war ausschließlich Vereinsmitgliedern und nur zu bestimmten Uhrzeiten gestattet. Der durch DDR-Gebiet verlaufende Weg war beiderseits mit Gitterzäunen gesichert, um hier lebende Menschen an der Flucht zu hindern. Beide Enklaven wurden 1988 aufgelöst, als die DDR die umliegenden Gebiete an Westberlin abtrat.

– Falkenhagener Wiese (45,44 Hektar): die größte und abgelegenste Enklave (5 Kilometer zur Ostberliner Stadtgrenze). Das ungenutzte Landschaftsgebiet ging 1988 an die DDR und gehört seitdem zur Stadt Falkensee.

– Finkenkrug (3,45 Hektar): ungenutztes Gelände 5 Kilometer westlich von Berlin. 1971 der DDR überlassen und seitdem Teil von Falkensee.

– Große Kuhlake (8,03 Hektar): ungenutztes Gelände nahe der Berliner Grenze. 1971 der DDR überlassen und seitdem Teil von Falkensee.

– Laszinswiesen (13,49 Hektar): ungenutztes Gelände direkt an der nördlichen Berliner Stadtgrenze. 1988 der DDR überlassen und seitdem Teil von Schönwalde.

– Nuthewiesen (3,64 Hektar): unbewohntes Feuchtbiotop im Südosten von Potsdam. 1971 der DDR überlassen und seitdem Teil von Potsdam.

– Steinstücken (12,67 Hektar): einzige bewohnte Westberliner Exklave in der DDR (siehe S. 242).

– Wüste Mark (21,83 Hektar): 1988 der DDR überlassen und seitdem Teil von Stahnsdorf (siehe S. 302).

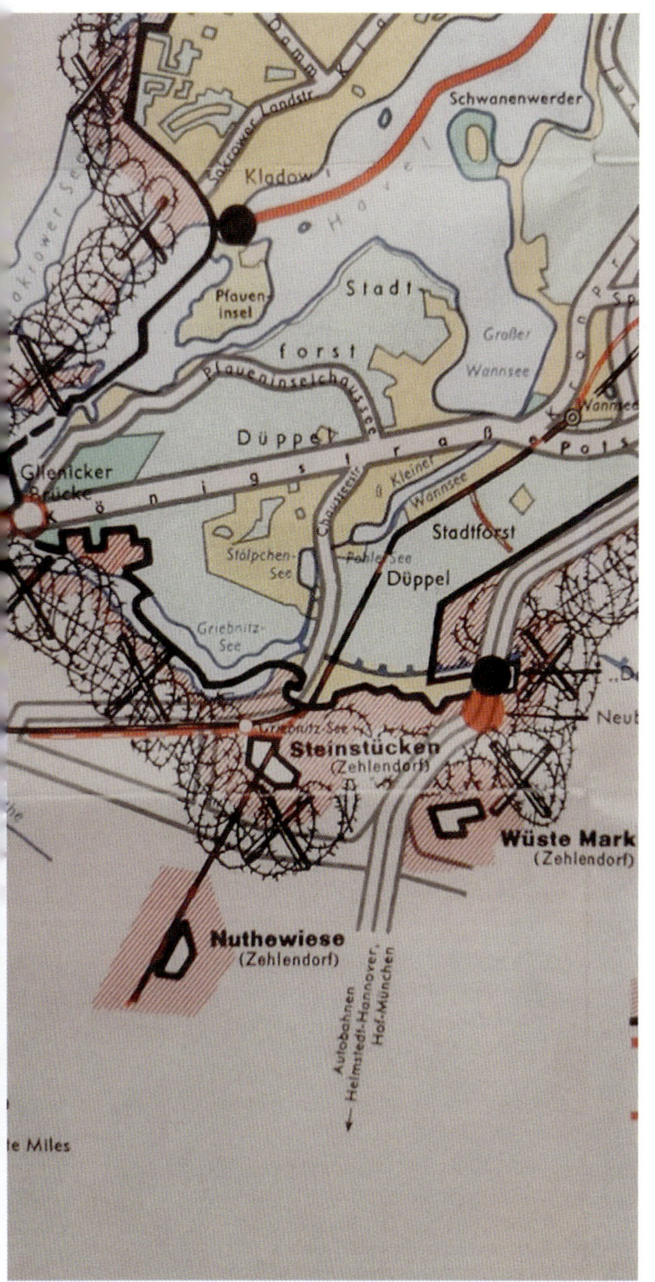
Schwanenwerder
Sakrower Landstr.
Kladow
Pfaueninsel
Stadtforst
Großer Wannsee
Pfaueninselchaussee
Düppel
Glienicker Brücke
Königstraße
Potsdamer
Wannsee
Kleiner Wannsee
Stadtforst
Stölpchen-See
Pohle See
Düppel
Griebnitz-See
Neub
Griebnitz See
Steinstücken
(Zehlendorf)
Wüste Mark
(Zehlendorf)
Nuthewiese
(Zehlendorf)
Autobahnen Helmstedt-Hannover, Hof-München
te Miles

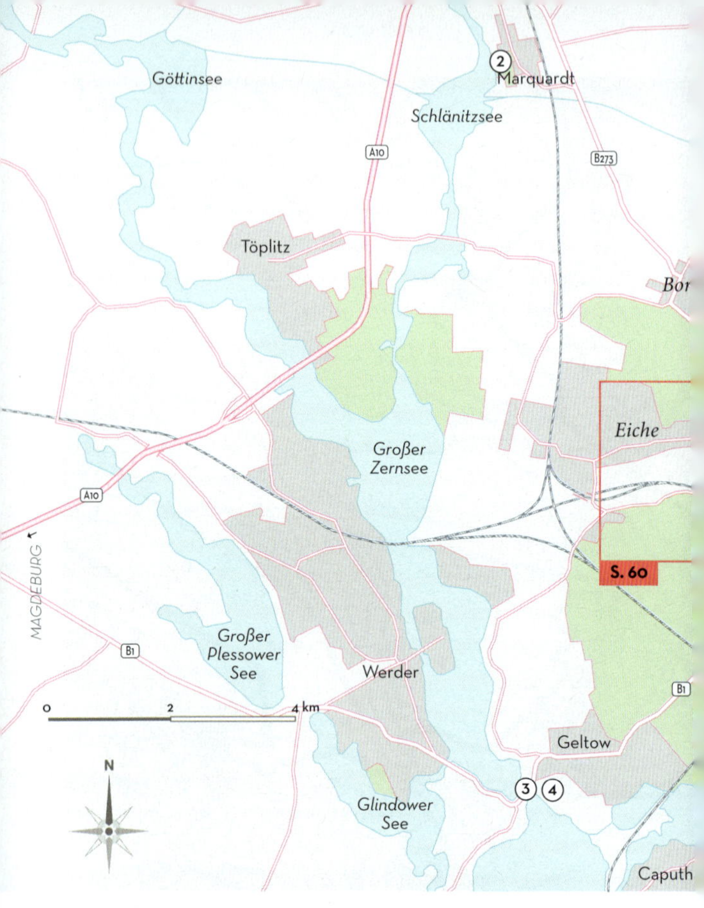

Außerhalb des Zentrums

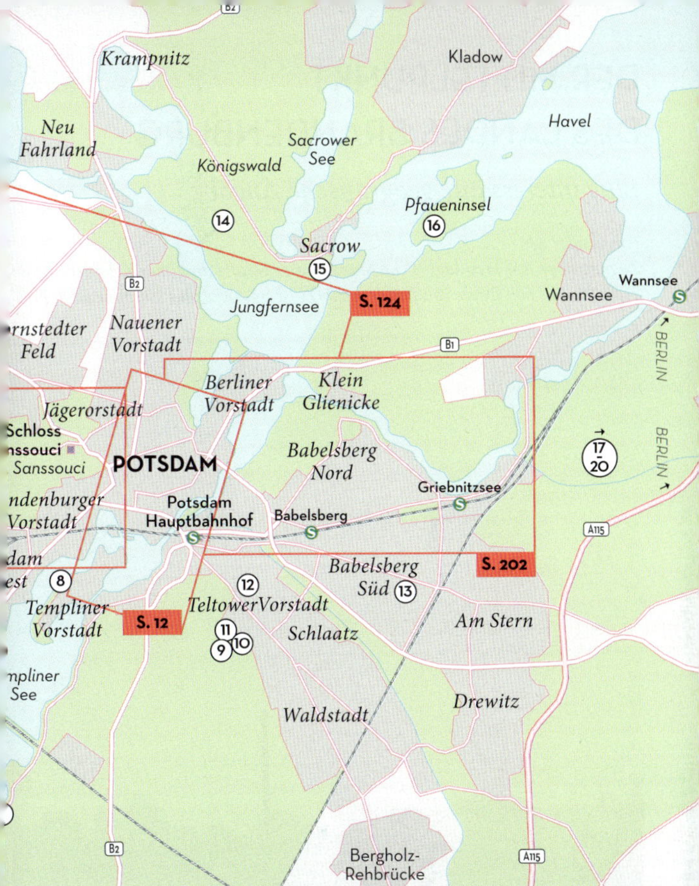
Krampnitz
Kladow
Neu Fahrland
Sacrower See
Königswald
Havel
Pfaueninsel
14
16
Sacrow
15
Wannsee
Wannsee
S. 124
Jungfernsee
B2
B1
Nauener Vorstadt
Feld
Berliner Vorstadt
Klein Glienicke
BERLIN
Jägerorstadt
Schloss
Sanssouci
POTSDAM
Babelsberg Nord
17 - 20
BERLIN
Griebnitzsee
Potsdam Hauptbahnhof
Babelsberg
A115
S. 202
8
12
Babelsberg Süd
13
Templiner Vorstadt
S. 12
TeltowerVorstadt
Am Stern
11
10
9
Schlaatz
See
Drewitz
Waldstadt
B2
Bergholz-Rehbrücke
A115

DER MITTELPUNKT DES LANDES BRANDENBURG

1

Eine interessante geografische Angabe

Fahrlander See
Zugang über Am Weinberg/Ecke Marquardter Straße und über Ketziner Straße
Tram 96, Bus 609 (beide von Potsdam Hbf) Eisbergstücke plus 20 Minuten zu Fuß

Im Sommer muss man sich angesichts der dichten Ufervegetation den Blick auf den Pfosten, der einige Meter vor dem Nordufer des Fahrlander Sees im Wasser steht, wahrlich erarbeiten. Durch die tiefhängenden Äste der Bäume ist dann meist nur die Spitze des zweifarbigen Pfostens sichtbar, der den geografischen Mittelpunkt des Landes Brandenburg markiert.

Die komplizierten Berechnungen, die auf einem Schild ein Stück oberhalb des Ufers zusammengefasst sind, stammen von dem 2017 verstorbenen Professor Werner Maltry.

Doch der Pfosten bietet auch Anlass zu einem entspannten Spaziergang durch die Felder. Entlang dem Nordufer des Fahrlander Sees bietet sich ein schöner Ausblick über den See und das Umland in Richtung Potsdam. Und für alle, die es ganz genau wissen wollen: Die Koordinaten des Pfostens sind 52° 27‘ 32,5“ n. Br. und 13° 00‘ 57“ ö. L.

DAS GRAB VON HANS RUDOLF WILHELM FERDINAND VON BISCHOFFWERDER ②

Die spiritistischen Sitzungen von Bischoffwerder und Friedrich Wilhelm II.

Friedhof Marquardt (Eschenweg) und Schloss Marquardt (Hauptstraße 14)
RB21 Marquardt

Auf dem Friedhof direkt hinter der Kirche der Ortschaft Marquardt markiert ein schlichtes weißes Kreuz die Grabstätte von Hans Rudolf Wilhelm Ferdinand von Bischoffwerder (1795–1858).

Hans Rudolf Wilhelm Ferdinand war der Sohn von Hans Rudolf von Bischoffwerder (1741–1803), einem engen Vertrauten von König Friedrich Wilhelm II. Geboren in Sachsen, trat der Jurist, Militärangehörige, Freimaurer, Mystiker und Alchemist 1778 in die Dienste der preußischen Armee ein und brachte es dort bis zum Generalmajor. Für seine Verdienste wurde er später mit dem Schwarzen Adlerorden ausgezeichnet. Hans Rudolf von Bischoffwerder sowie sein Freund Johann Christoph von Wöllner (1732 –1800) waren Mitglieder des mystischen Ordens der Gold- und Rosenkreuzer, der sich im Brandenburg der Aufklärung, den Geheimlehren der Alchemie, der Kabbala und dem Okkultismus widmete. Schnell gelang es den beiden Kameraden, Einfluss bei Kronprinz Friedrich Wilhelm zu gewinnen, der sich bald darauf ebenfalls in den geheimen Orden der Gold- und Rosenkreuzer aufnehmen ließ.

Der Park von Schloss Marquardt, das Hans Rudolf von Bischoffwerder im Jahr 1795 erwarb, wurde zum Zentrum ihrer geheimen Praktiken. In der von Hans Rudolf auf dem Anwesen eingerichteten Blauen Grotte hielten die Ordensbrüder nach Vorbild des Belvedere von Schloss Charlottenburg und der Potsdamer Muschelgrotte spiritistische Séancen ab.

Die baufällige Blaue Grotte wurde zwischen 1860 und 1870 abgerissen, sodass heute einzig ein flacher Hügel vor dem Schloss auf ihre Existenz verweisen. Die Entwürfe für die Blaue Grotte finden sich 1823 auf Plänen des Marquardter Schlossparks von Peter Joseph Lenné. Der Schriftsteller Theodor Fontane (1819 –1898), der die Grotte 1860 kurz vor ihrem Abriss sah, berichtet von einem großen Kronleuchter in ihrem Inneren. Die Wände schimmerten aufgrund von Rückständen aus der Kobaltglasproduktion in einem ungewöhnlichen Blauton.

König Friedrich Wilhelm II. hielt in der Blauen Grotte Séancen ab, in denen mithilfe spezieller Gerätschaften Geister heraufbeschworen werden sollten – Geflüster und kosmische Klänge, die als vermeintliche Stimmen der Toten aus dem Jenseits ausgegeben wurden. Der König vernahm in ihnen vor allem die Stimmen seiner Vorfahren und brach eines Tages schweißgebadet zusammen, als er seinen geliebten, jung verstorbenen Sohn Alexander (s. S. 160) in ihnen zu erkennen glaubte. Erfüllt von Angst und Schuldgefühlen wurde er eilig aus der Grotte geführt: Eine perfekte Inszenierung. Die „kosmischen" Geräusche stammten vermutlich von einer Glasharmonika und die Stimmen aus dem Jenseits und das Gemurmel der Verstorbenen entsprangen einer im hinteren Teil der Grotte verborgenen doppelten Wand.

BRONZENE FISCHOTTER ③

Die verschwundenen Brückenfiguren, die durch Zufall wieder auftauchten

Baumgartenbücke – 14548 Schwielowsee

Zwei Fischotter aus Bronze, die Vögel verspeisen, zieren das östliche Havelufer unterhalb der Geltower Baumgartenbrücke. Es dürfte sich um die einzigen Fischotter von Potsdam handeln, denn anders als der Biber, der sich seit den 2000er-Jahren an den Ufern der Stadt zurückgemeldet hat, gilt der Fischotter in der Havel schon lange als ausgestorben und hat heute in den Naturschutzgebieten Brandenburgs Zuflucht gefunden.

Die bronzenen Fischotter der Baumgartenbrücke blicken auf eine bewegte Geschichte zurück. Erschaffen wurden sie – ursprünglich waren es vier an der Zahl – 1910 von dem Bildhauer Stephan Walter. Ihren Platz sollten sie zu beiden Seiten der Vorgängerbrücke finden, die 1909 als Teilstück der künftigen, viel befahrenen Reichsstraße 1 (heute Bundesstraße 1) erbaut worden war. An den beiden Auffahrten zur Brücke wurden jedoch nur jeweils ein Fischotter rechts und ein

© Bieberbaer

Windhund links postiert. Wohin die beiden anderen Fischotter- und Windhund-Figuren verschwunden sind, ist bis heute ein Rätsel. Sie gelten fortan als verschollen.

Am 30. April 1945 sprengten Soldaten der Wehrmacht die Havelbrücke auf dem Rückzug von Potsdam in Richtung Südwesten. Die bronzenen Otter wurden wenig später von den sowjetischen Besatzern demontiert, abtransportiert und gingen schließlich in den Wirren der Nachkriegszeit verloren.

Wunderbarerweise tauchten nach der Wiedervereinigung die beiden Fischotterfiguren wieder auf und gelangten mithilfe des Landes Brandenburg zurück nach Geltow.

Die Baumgartenbrücke wurde zwischenzeitlich mehrmals erneuert, um dem wachsenden Verkehrsaufkommen standzuhalten. Die heutige Betonbrücke stammt aus dem Jahr 1989.

Der bayerische Bildhauer Stephan Walter (1871–1937) arbeitete während seines Studiums an der Kunstgewerbeschule am Bauschmuck für das Reichstagsgebäude mit und lebte und arbeitete auch später in Berlin.

DIE FIGUR *FELIX KRONE*

④

Symbol für den inneren Schatzes eines jedes Menschen

Baumgartenbrück, 5
14548 Schwielowsee
albrecht-klink.de/werkschau/Albrecht-Klink_Krone-Projekt.pdf

Ein paar Schritte von der Baumgartenbrücke und der Gaststätte Baumgartenbrück entfernt, zieht eine große Holzfigur mit einer Krone in den Händen aufmerksame Blicke auf sich.

Die Figur mit dem Titel *Felix Krone* entstand 2009 und ist das Werk von Albrecht Klink (geb. 1962), einem Künstler aus einer vor allem auf religiöse Kunst spezialisierten Bildhauerfamilie aus Baden-Württemberg. Klink lebt und arbeitet in Berlin-Kreuzberg. Eines Tages erhielt er die Nachricht, dass in Ferch am Schwielowsee eine alte Kastanie darauf warte, von ihm bearbeitet zu werden. Aufgrund des schlechten Zustands des Baums war es jedoch nicht möglich, eine Skulptur daraus zu fertigen. Als Ersatz fand sich in der nahen Gemeinde Geltow eine hundertjährige Eiche, die gefällt werden sollte.

Aus dem Eichenstamm mit einem Durchmesser von 1,40 Metern schuf Klink eine großformatige Skulptur im Rahmen seines Kronen-Projekts – einer Serie von Holzfiguren rund um das Thema „Der Mensch als Krone der Schöpfung".

Anders als die in Potsdam allgegenwärtigen Herrscherinsignien von Königen und Kaisern oder den Kronen, die allerorts in der sakralen Kunst zu finden sind, steht die Krone der Figur von Albrecht Klink, um die es hier geht, für einen individuellen Schatz, den jeder Mensch in seinem Inneren bewahrt. Das heißt: Wer seine Fähigkeiten und seine Weisheit nutzt, um seine Individualität zum Wohle der Mitmenschen zu entwickeln, ohne der Versuchung der (ebenfalls durch die Krone symbolisierten) Macht über die Natur oder andere zu erliegen, dem kann es gewissermaßen gelingen, sich selbst zu krönen.

Die Figuren aus Klinks *Kronen*-Zyklus befinden sich in unterschiedlichen Stufen dieses Transformationsprozesses: Eine der Figuren steht zum Beispiel neben einer Krone, eine andere Figur versteckt sie hinter ihr. Die Figur des *Felix Krone* am Baumgartenbrück trägt die Krone mit beiden Händen behutsam wie einen fragilen Schatz vor der Brust. Dass der Künstler Klink Holz als Werkstoff verwendet, unterstreicht seine Botschaft der Demut, die Felix Krone repräsentiert.

DER ALTE SCHRIFTZUG „POTSDA HBF“

5

Überreste eines Hauptbahnhofs, der alles andere als zentral war

Zum Bahnhof Pirschheide
Tram 91, Bus 580, 631 (alle von Potsdam Hbf) Pirschheide

Auf dem Weg von der Straße An der Pirschheide zur Zeppelinstraße eröffnet sich von einer kleinen Brücke aus der Blick auf einen Bahnhof, der verlassen scheint. An der Südseite des Gebäudes (dem alten Stellwerkturm) prangt in großen roten und schwarzen Lettern der Schriftzug „Potsda Hbf". Das fehlende „m" am Ende der Ortsbezeichnung scheint irgendwann über die Jahre verloren gegangen zu sein.

Schwer vorstellbar, dass dieser einsame Halt inmitten der Wälder im äußersten Südwesten der Stadt einst der Potsdamer Hauptbahnhof gewesen sein soll. Und doch verhielt es sich in den 40 Jahren des Kalten Krieges so. Infolge der deutschen Teilung 1949 begann die DDR ihr Schienennetz neu zu ordnen, um Überschneidungen mit Gebieten West-Berlins zu vermeiden. Es entstand das Projekt eines Berliner Außenrings, der die bestehenden Bahnhöfe auf der Ostseite gut miteinander verband, und später im Westen erweitert wurde. Damit war die Möglichkeit geboten, West-Berlin zu umfahren. Als Knotenpunkte dienten insbesondere Schönefeld (wo sich seit 1947 der Ost-Berliner Zivilflughafen befand) und Potsdam.

1958 wurde auf dieser neuen, erweiterten Strecke auf Höhe der Straße An der Pirschheide der neue Bahnhof Potsdam Süd eingeweiht. Er war vor allem deshalb von Bedeutung, weil die Ringbahnstrecke dort sowohl die Regionalbahn der Nord-Süd-Achse zwischen Nauen und Jüterbog als auch die der West–Ost-Achse (die sogenannte Sputnik-Linie) zwischen Werder und Karlshorst kreuzte.

Solange die Züge bis 1961 noch durch West-Berlin fuhren, befand sich der Potsdamer Hauptbahnhof an seinem ursprünglichen Standort nahe der Freundschaftsinsel. Als der Betrieb jedoch aufgrund des Mauerbaus

zwischen Wannsee (BRD) und Potsdam (DDR) unterbrochen wurde, fand sich der Hauptbahnhof von Potsdam mit einem Mal am Ende einer Strecke wieder, die in einer Sackgasse in Babelsberg endete.

Kurzerhand beschloss man darauf, den strategisch günstig, wenngleich wenig zentral gelegenen Bahnhof Potsdam Süd in Hauptbahnhof umzubenennen.

Nach der Wiedervereinigung und Wiedereröffnung der Strecke Potsdam-Wannsee und der Rückverlegung des Hauptbahnhofs an seinen einstigen Standort, erhielt der zeitweilig als Hauptbahnhof fungierende Bahnhof Potsdam Süd 1993 schließlich den Namen Potsdam Pirschheide.

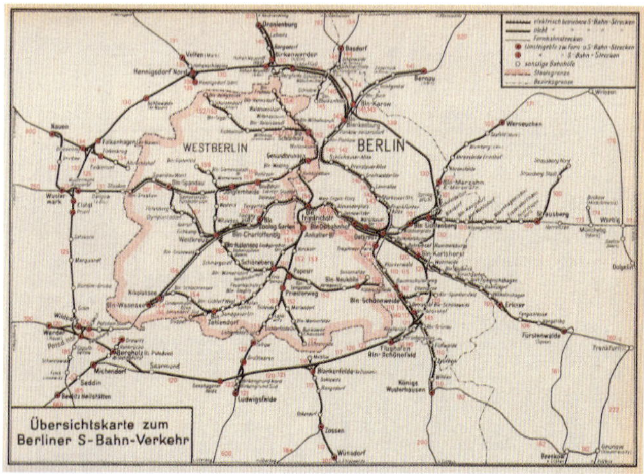

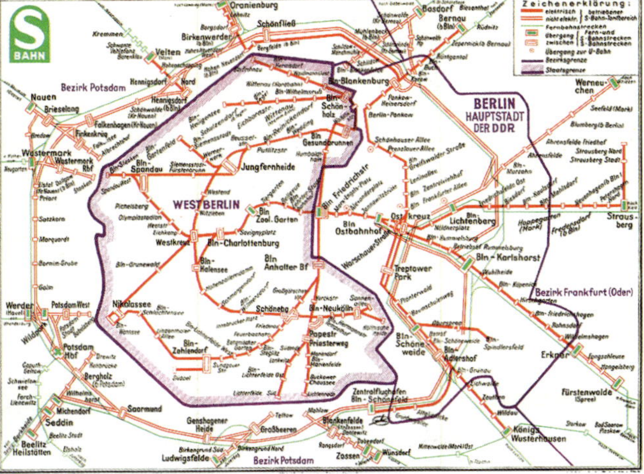

Ein nicht völlig aufgegebener Bahnhof

Heute ist der nicht mehr ganz so taufrische Bahnhof Pirschheide nach wie vor in Betrieb. Die Treppen zum oberen Gleis der heute nicht mehr befahrenen Nord-Süd-Linie sind allerdings gesperrt, ebenso die Unterführung, die den unteren Bahnsteig mit der noch heute vorhandenen Bahnhofshalle samt Bahnhofsrestaurant verband.

Die Gleise auf der östlichen Bahnsteigseite werden augenscheinlich noch genutzt. Auf einer elektrischen Anzeige ist die Ankunftszeit des nächsten Regionalzugs nach Ferch-Lienewitz, Seddin und Michendorf in Brandenburg abzulesen, den hier ab und zu der eine oder andere Fahrgast besteigt.

DIE MARIENQUELLE

Ein vom Mariengrab in Jerusalem inspirierter Brunnen

Templiner Straße
Bus 607, Haltestelle Forsthaus Templin

Folgt man im Südwesten von Potsdam der Templiner Straße am Templiner See entlang, liegt kurz vor Caputh links der Straße, durch üppige Vegetation vor neugierigen Blicken geschützt, die Marienquelle, hinter der sich eine interessante Geschichte verbirgt.

Im Zuge der weitreichenden Pläne zur Umgestaltung der Potsdamer Parks und Wälder unter Friedrich Wilhelm IV. hatte sich der Architekt und Gartenkünstler Peter Joseph Lenné (1789–1866) auch der näheren Umgebung von Templin gewidmet. Doch anders als die Arbeiten im Park Sanssouci, in Babelsberg oder in Glienicke ließen sich seine Entwürfe für Templin trotz der Unterstützung des Königs nicht realisieren.

Friedrich Wilhelm IV. beabsichtigte 1842, das Anwesen Templin samt dem Weiler, der alten Wäscherei am Seeufer und dem Forsthaus (in dem sich heute die Braumanufaktur Potsdam befindet) zu erwerben und für seine Zwecke umgestalten zu lassen. Der Kauf kam nie zustande. Stattdessen veranlasste der König den Bau der platanengesäumten Templiner Straße (1847–49), die noch heute die brandenburgische Landeshauptstadt mit Caputh verbindet.

Der sehr gläubige, von der Jerusalemer Baukunst faszinierte Monarch ließ außerden im Wald von Templin zwei Ädikulen errichten. Die erste, in Form eines 1846 von Ludwig Ferdinand Hesse erbauten Baldachins mit einem Wasserbecken an einer Quelle, war von dem biblischen

Teich Bethesda in Jerusalem inspiriert (dem Ort, an dem Jesus einen Bettlägrigen heilte) und exitiert heute nicht mehr.

Bei der zweiten Anlage handelte es sich um die in den Jahren 1852 bis 1855 erbaute Marienquelle, ein Brunnen mit einem Wasserbecken, der ursprünglich als Wildtränke angelegt wurde. Ihren Namen verdankt die Marienquelle dem Mariengrab in Jerusalem, das nach der Eroberung durch die Kreuzritter eine gotische Fassade erhielt, die dem Brunnen des Königs mit seiner Portalform als Vorbild diente. Mit der Ausführung der Bauarbeiten an der Marienquelle wurde der Architekt August Stüler beauftragt, doch ließ es sich der König nicht nehmen, bei der Planung selbst Hand anzulegen. So bestand er darauf, das Portal nicht wie Stüler vorgeschlagen hatte mit einem Rundbogen abzuschließen, sondern mit einem Spitzbogen, und ließ es – anders als das Jerusalemer Original – zudem farbig gestalten. Das Ergebnis ist eine einzigartige Mixtur unterschiedlicher Bauformen und Materialien von der Früh- bis zur Neugotik. Verarbeitet wurden zudem vor Ort gefertigte Backsteine, die in der lokalen Baukunst des 19. Jahrhunderts, als deren namhaftester Potsdamer und Berliner Vertreter August Stüler gilt, weit verbreitet waren.

Die Marienquelle, die das Becken einst speiste, ist in der Zwischenzeit versiegt. Nachdem das kleine Bauwerk lange Jahre über dem Verfall preisgegeben war, wurde es in den Jahren 2004/05 einer umfassenden Sanierung unterzogen.

Das Grab der Gottesmutter Maria wird in einer orthodoxen Kirche am Fuße des Jerusalemer Ölbergs verehrt. Dort soll sich der Legende nach nicht nur das das Grab Marias befinden, sondern auch das ihres Mannes Josef sowie ihrer Eltern Anna und Joachim.

DIE MODELLE IM LUFTSCHIFFHAFEN DES KONGRESSHOTELS

⑦

Erinnerung an die Zeit der Zeppeline

Kongresshotel Potsdam am Templiner See
Am Luftschiffhafen 1
Tram 91, 94, oder Bus 580, 631 (alle von Potsdam Hbf) Haltestelle Potsdam, Luftschiffhafen

Im weitläufigen Eingangsbereich des Kongresshotels am Templiner See kann man an zwei Stellen eine kleine Sammlung von Exponaten zur Geschichte des früheren Potsdamer Luftschiffhafens besichtigen.

Etwas verborgen hinter der Shed Lounge sind zwei eindrucksvolle Modelle zu bewundern, die einen konkreten Eindruck des früheren Luftschiffhafens und der dortigen Aktivitäten vermitteln.

Am 2. Juli 1900 brach das erste Luftschiff des Grafen von Zeppelin zu seiner Testfahrt auf, musste jedoch nach nur 18 Minuten im Wasser notlanden. Kaum zehn Jahre darauf bot die Luftschiffbau Zeppelin GmbH nach Überwindung zahlreicher Widrigkeiten mittels ihrer Tochter, der Deutschen Luftschifffahrts-Aktiengesellschaft (DELAG), die ersten kommerziellen Flüge der Geschichte an. Schon bald wurde auf der Strecke Baden-Baden-Frankfurt am Main – Düsseldorf ein täglicher Passagierbetrieb aufgenommen.

Im Zuge dieser ersten Erfolge suchte man nach Flächen für neue Luftschiffhäfen in der Nähe verschiedener Großstädte. Im Jahr 1911 gelang es der Luftschifffahrtsgesellschaft, sich 25 Hektar am Rande des Templiner Sees (auf dem heutigen Gelände des Sportparks Luftschiffhafen und des Kongresshotels Potsdam am Templiner See) zu sichern, und am 9. September desselben Jahres wurde mit großem Pomp ein erstes Starrluftschiff angeliefert. Ein Diorama im Kongresshotel erinnert heute an den Moment, an dem der Zeppelin *LZ 10 Schwaben* von 150 Männern vertäut wurde.

Bereits ein Jahr später konnte am Templiner See der mit einer Länge von 175 Metern und einer Breite von 50 Metern größte Luftschiffhangar der Welt eingeweiht werden. In ihm fanden zwei Zeppeline Platz, die vor allem auf der Strecke Potsdam–Hamburg verkehrten, die per Luftschiff in zwei Stunden zurückgelegt wurde.

Nach Beginn des Ersten Weltkriegs nutzte man das Gelände des Luftschiffhafens in erster Linie militärisch. Vor der Verlagerung nach Berlin-Staaken 1916, wo für eine gesteigerte Militärproduktion in der Zwischenzeit zwei größere Hallen (252 m × 35 m) errichtet worden waren (s. Reiseführer *Verborgenes Berlin* im selben Verlag), fertigten am Standort Potsdam knapp 1000 Arbeiter insgesamt 16 Kriegsluftschiffe.

Neben dem Diorama zeigt im Eingangsbereich des Hotels ein Modell den

Luftschiffhafen zum Zeitpunkt des Jahres 1914, als die kommerzielle Tätigkeit der militärischen Nutzung weichen musste. Die Anlage ist hier auf dem Höhepunkt ihrer Entwicklung zu sehen und verdeutlicht die Lage der alten Gebäude auf dem heutigen Gelände.

Infolge der im Vertrag von Versailles vorgesehenen Entwaffnung Deutschlands fand 1920 die Demontage der Luftschiffhalle statt. Alle übrigen Bauten blieben jedoch erhalten, wie das historische Portal auf der Zeppelinstraße sowie die beiden Backsteingebäude, die auf dem Modell rechts des Hangars zu sehen sind.

Das zweistöckige Gebäude, das einst die Büroräume der DELAG und der Potsdamer Filiale der Luftschiffbau Zeppelin GmbH

beherbergte, ist heute ungenutzt. In dem aus zwei aneinander gesetzten Dreiecken formierten Flachbau – ein wunderbares Beispiel für den Backsteinexpressionismus der 1920er-Jahre – befanden sich die Reparatur- und Fertigungswerkstätten der Luftschiffe. Dieses Gebäude wurde modernisiert und ist mit seinen Konferenzräumen heute Teil des Kongresshotels.

Eine bis heute gut erhaltene Zeppelin-Luftschiffhalle befindet sich auf einer brasilianischen Militärbasis westlich von Rio de Janeiro (s. Reiseführer *Rio insolite et secrète* im selben Verlag).

DAS GITTERTOR ZU DEN WIRTSCHAFTSGEBÄUDEN DER HOFFBAUER-STIFTUNG

8

Die Werkzeuge der mit der Instandhaltung betrauten Handwerker

Hermannswerder 4
Bus 694 (von Potsdam Hbf) Hoffbauer-Stiftung

Auf der malerischen Halbinsel Hermannswerder liegt ganz in der Nähe des Wasserturms der alte Gebäudekomplex der Hoffbauer-Stiftung mit seinem schönen, schmiedeeisernen Eingangstor.

Neben dem Datum 1901 (s. unten) sind in der Mitte der beiden strahlenförmigen Gitter vier Werkzeuge zu erkennen.

Clara Hoffbauer (1830–1909) hatte sich schon früh dem Kampf gegen soziale Missstände in Zeiten der Industrialisierung verschrieben und ließ zwischen 1891 und 1901 auf der im Süden von Potsdam gelegenen Halbinsel Bauten für Bildungs- und Wohltätigkeitszwecke errichten. Auf dem 40 Hektar großen Gelände entstanden rund 20 Gebäude mit unterschiedlicher Funktion (Krankenhaus, Waisenhaus, Kirche und sogar eine Trinkwasserstation). Wahrzeichen des homogenen Gebäudeensembles ist der im Stil der deutschen Backsteingotik gebaute Wasserturm. Die auf dem Gitter gezeigten Werkzeuge verweisen auf die Instandhaltungsarbeiten, die hier für die benachbarten Einrichtungen ausgeführt wurden. Anfang des 20. Jahrhunderts arbeitete eine ganze Zunft von Technikern, Fach- und Landarbeitern auf Hermannswerder für die Stiftung, um deren Unabhängigkeit zu gewährleisten.

Die Hoffbauer-Stiftung als Namensgeberin für die Halbinsel Hermannswerder

Die 1901 von Clara Hoffbauer unter dem Dach der Deutsch-Lutherischen Kirche gegründete Hoffbauer-Stiftung besaß zu Beginn ein Vermögen von sechs Millionen Mark sowie mehrere Gebäude auf Tornow, wie die Halbinsel früher hieß.

Zum Gedenken an ihren Ehemann Hermann ließ Clara die Halbinsel Tornow in Hermannswerder umtaufen.

Die Stiftung ist auch heute noch ihrem Zweck gemäß als soziale Bildungs- und Hilfseinrichtung tätig und veranstaltet regelmäßig Begegnungstage, Seminare und Galas. Im Jahr 1990 übernahm die Hoffbauer-Stiftung die Trägerschaft des Evangelischen Gymnasiums Hermannswerder, das damit zur ersten anerkannten konfessionellen Schule in Brandenburg wurde.

1901

DER MAURERHAMMER AUF DEM GRAB VON ELLEN PAETH 9

Gedenken an die berühmten Trümmerfrauen der Nachkriegszeit

Neuer Friedhof – Heinrich-Mann-Allee 25
Dezember bis Februar 8–16 Uhr; März bis April 7–18 Uhr; Mai bis August 7–20 Uhr; September bis Oktober 7–18 Uhr; November 8–17 Uhr
Tram 91, 92, 93, 96, 99 (alle von Potsdam Hbf) Friedhöfe
N.B.: Der Griff des Maurerhammers ist derzeit verschwunden

Ganz im Südwesten des Neuen Friedhofs liegt in Abteilung V (nördlich des Friedrich-Wilhelm-Krummacher-Wegs, einige Meter neben der Ecke zum Fritz-Rumpf-Weg) das Grab von Ellen Paeth (1913–2006). Auf diesem weckt eine ungewöhnliche Skulptur – ein Maurerhammer in einem Ziegelstein – mit folgender Inschrift die Neugier des Betrachters:

Ellen Paeth geb. Rievel
16.01.1913 – 13.12.2006
1945 Trümmerfrau in Potsdam

Die Skulptur ist Ausdruck dessen, was für Hunderttausende „Trümmerfrauen" in den Nachkriegsjahren Alltag war. Mit einem

Maurerhammer, wie er auf der Skulptur zu sehen ist, lösten die tatkräftigen Frauen aus den Ruinen ihrer im alliierten Bombenhagel verwüsteten Städte Millionen von Ziegelsteinen von Mörtelresten.

Im Mai 1945 lag Deutschland unter 400 Millionen Kubikmetern Schutt begraben. Nichts als Trümmerfelder, soweit das Auge reichte. Der schnelle Wiederaufbau war eine Frage des Überlebens, doch das Material war knapp. Das Motto der Stunde lautete daher Wiederverwendung. Und so wurden Ziegelstein für Ziegelstein von Hand aus dem Schutt gezogen und gesäubert. In knapp zwei Jahren wurden so allein in Hamburg 182 Millionen Steine eingesammelt. Angesichts von mehr als fünf Millionen im Kampf gefallenen deutschen Männern und mehr als doppelt so vielen in Kriegsgefangenschaft, fiel diese schwere Arbeit oft den zurückgebliebenen Frauen zu.

Doch anders als häufig verklärt dargestellt wird, handelten diese Frauen nicht aus purem Altruismus, um ihr durch fehlgeleitete Männer zerstörtes Land aus der Asche wieder auferstehen zu lassen. Sie handelten aus reiner Notwendigkeit. Trümmerfrauen erhielten im Vergleich zu Hausfrauen fast die doppelte Ration Fett, 100 Gramm Fleisch und ein Pfund Brot pro Tag, was ausreichte, um die ganze Familie zu ernähren.

Nichtsdestoweniger wurde ein Großteil der Räumungs- und Wiederaufbauarbeiten in der Nachkriegszeit von Männern und Spezialfirmen mithilfe von durch die Alliierten bereitgestellten Maschinen geleistet. In Berlin folgten trotz der Dringlichkeit der Aufgabe und verlockender Anreize gerade einmal sechs Prozent der Frauen im arbeitsfähigen Alter dem Aufruf zu den Räumungs- und Wiederaufbauarbeiten.

Manche schließen daraus, dass der Mythos der Trümmerfrau als Verkörperung der Widerstandskraft und Opferbereitschaft einer ganzen Generation von Frauen bewusst genährt wurde, um einem für unsägliche Verbrechen verantwortlichen Volk die Absolution zu erteilen. Die öffentliche Würdigung der Leistung der Trümmerfrauen fällt aus diesem Grund heute eher zurückhaltend aus.

Was bleibt, ist die private Ehrerbietung für Frauen wie Ellen Paeth, die diese wirklich verdient haben.

DAS GRAB DER FAMILIE KOCH

Symbolik eines außergewöhnlichen Grabmals

Neuer Friedhof
Heinrich-Mann-Allee 25
Tram 91, 92, 93, 96, 99 (alle von Potsdam Hbf) Potsdam, Friedhöfe
Dezember bis Februar 8–16 Uhr; März bis April 7–18 Uhr; Mai bis August 7–20 Uhr; September bis Oktober 7–18 Uhr; November 8–17 Uhr

Das Grab der Familie Koch auf dem Potsdamer Neuen Friedhof zählt zu den interessantesten Ruhestätten der Anlage. In seiner

Gestaltung erinnert es an einen antiken Tempel. Obenauf steht eine trauernde weibliche Figur mit Umhang und den Waffen der Hopliten, der Bürgersoldaten aus dem alten Griechenland: Lanze (die der Künstler hier nicht zeigt), Helm mit Kammbusch (zu Füßen der Frau) und Schild.

Die Figur stellt Athene dar, die griechische Göttin der Weisheit und des Krieges, deren Hauptattribute der Schild mit dem Medusenhaupt (s. S. 114), eine kleine geflügelte Gestalt (die hier nicht dargestellte Siegesgöttin Nike) sowie eine Eule als Symbol der Weisheit sind. Die Eule findet sich am Grabmal oberhalb von Athene, auf dem Kopf des Verstorbenen, der hier seine letzte Ruhe finden sollte.

Der Stuckateur Friedrich Wilhelm Koch (1815–1889) entwarf dieses Grabmal für seinen Sohn Wilhelm, der 1870 im Alter von 18 Jahren im Deutsch-Französischen Krieg gefallen war. Die Darstellung der trauernden Athene ist dabei keine Neuerfindung. Ab 1888 wurde die Göttin mit geneigtem Haupt zum beliebten Motiv der Grabkunst, nachdem man auf der Akropolis ein Relief mit dieser Darstellung, das an eine Grabstele erinnerte, entdeckt hatte.

Am Grab der Familie Koch finden sich weitere klassische Symbole der Grabkunst wie umgekehrte Fackeln, eine geflügelte Sanduhr oder Mohnblumen (unter den Füßen der Athene).

Nähere Informationen zu verschiedenen Grabsymbolen auf Seite 280.

Grabsymbole auf Friedhöfen

Auf Friedhöfen, insbesondere solchen aus dem 19. Jahrhundert, finden sich unzählige Grabsymbole, die nicht rein dekorativ sind, sondern die Verstorbenen auf ihrem Weg ins Jenseits begleiten sollen und von ihrem Leben berichten. Eine Erklärung der wichtigsten Grabsymbole:

Alpha (α) und Omega (ω)

Der erste und der letzte Buchstabe des griechischen Alphabets symbolisieren Anfang und Ende aller Existenz, das Ganze, den Lauf der Zeit, das Ende, das auf den Anfang trifft. Oft sind die beiden Buchstaben in Verbindung mit dem Christusmonogramm zu finden, das aus den ersten beiden übereinander geschriebenen griechischen Buchstaben X (chi) und P (rho) des Wortes Christós besteht und darauf verweist, dass Christus aller Dinge Anfang und Ende ist.

Anker

Neben dem Herzen (Symbol der Barmherzigkeit) und dem Kreuz (Symbol des Glaubens) symbolisiert der Anker als eine der drei Darstellungen der theologischen Tugenden, die den Menschen in seiner Beziehung zur Welt und zu Gott leiten sollen, die Hoffnung. Oft wird er in Verbindung mit einem gerissenen Seil dargestellt und als Zeichen des Lebens verstanden, dem der Tod ein Ende gesetzt hat.

Weizen

Symbol des Lebens und durch die Sichel, die das Getreide schneidet, Verweis auf den Tod. Immer wieder stehen Weizenähren auch für den Leib Christi, insbesondere in Verbindung mit Weintrauben, Symbol für das Blut Christi.

Buchsbaum

Symbol des Segens, der Ewigkeit.

Karpfen

Symbol des langen Lebens und des Schutzes.

Eule

Dieser Nachtvogel steht für Weitsicht. Die Eule ist auch Symbol von Athene, der griechischen Göttin der Weisheit. Als solches ist sie die personifizierte Erkenntnis, die über Ignoranz und die damit verbundene Dunkelheit obsiegt.

Schere

Die Schere durchtrennt den Lebensfaden und verweist auf ein plötzliches, durch den Willen der Götter hervorgerufenes Ende. Sie ist Symbol der Parze Atropos, mit ihren Schwestern Klotho und Lachesis eine der drei Gottheiten des Schicksals.

Schlüssel

Der Schlüssel schließt und verbindet, der Schlüssel öffnet und löst. In der Antike ist er das Zeichen Plutos, des Gottes der Unterwelt. Bei den Römern ist der Gott Janus als Wächter der Türen und Tore und Hüter der Seele im Besitz zweier Schlüssel, einer golden, einer silbern. Jesus übergibt dem heiligen Petrus zwei Schlüssel und verleiht ihm damit das Recht, den Himmel zu öffnen oder verschlossen zu halten.

Säule, geborstene

Als besonders in der neoklassischen Architektur beliebtes Element ziert die Säule meist Gräber aus dem 19. bzw. beginnenden 20. Jahrhundert. Die geborstene (oder gestutzte) Säule steht für das Leben, dem gewaltsam oder zu früh ein Ende gesetzt wurde.

Füllhorn

Symbol des Glücks und der Fruchtbarkeit.

Kelch

Symbol des Unsterblichkeitstranks.

Hahn

Als Symbol der Wachsamkeit steht er für den Beschützer und Verteidiger der Seelen.

Kranz

Als Symbol der Krönung, des Sieges und der Vergeltung erweist der Totenkranz auf einem Grab dem Verstorbenen und seinem vergangenen Tun die Ehre. Mit seiner runden Form ist er das Versprechen auf das ewige Leben. Er wird gebunden aus Mohnstängeln (ewige Ruhe), Lorbeer (Ruhm, Ewigkeit) oder Eichenholz (Ruhm), Efeu (Ewigkeit und Verbundenheit), Immortellen (Unsterblichkeit), Stiefmütterchen (Gedenken, freies Denken), Rosen (Liebe) und verschiedenen anderen Blumen.

Fackel, gesenkte

In der Grabkunst des 19. Jahrhunderts sehr beliebtes Motiv. Wird eine Fackel umgedreht, fehlt es der Flamme an Sauerstoff und sie erlischt. Als Symbol steht sie für den Tod, das Leben, das die sterbliche Hülle verlässt. Die aufrechte Fackel mit brennender Flamme steht umgekehrt für das Licht und das Versprechen auf ein neues Leben.

IHS (oder JHS)

Dieses Monogramm, das auf katholischen Gräbern häufig oben auf einem Kreuz zu finden ist, verweist auf Jesus, den Erlöser der Menschen. Es leitet sich von den ersten drei Buchstaben der griechischen Schreibweise seines Namens ab: I H Σ OY Σ (JESus).

INRI

Akronym für lateinisch *Iesus Nazarenus Rex Iudaeorum* – „Jesus von Nazareth, König der Juden". Die vier Buchstaben finden sich oft auf Spruchbändern im oberen Bereich des Jesuskreuzes. Ferner verweist der Satz auf eine Bibelstelle, die besagt, dass die Römer „INRI" auf eine Tafel schrieben, die oben am Kreuz Christi angebracht wurde.

Unguentarium

Kleines, fläschchenförmiges Salbgefäß, in dem die Tränen der

Trauernden aufgefangen worden sein sollen (ewiger Kummer).

Öllampe

Durch ihr Licht kann sich die Seele in der Nacht, im Tod, besser zurechtfinden. Die Lampe selbst steht für den menschlichen Körper, während die Flamme die Seele darstellt, die im Augenblick des Todes entweicht.

Larve

Gespenstische Masken menschlicher Gesichter mit geschlossenen Augen, die in den Winkeln von Grabmälern platziert wurden. Das Wort „Larve" kommt vom lateinischen *larva*, was so viel bedeutet wie „Gespenst, Geist, Maske". In der römischen Antike wurden die Seelen jener Verstorbenen als Larven bezeichnet, die auf die Erde zurückkehrten, um die Lebenden heimzusuchen.

Lorbeer

Sein immergrünes Laub steht für die Ewigkeit. Seit der Römerzeit gilt Lorbeer als Symbol des Ruhms. Als geflochtener Kranz oder in Form eines Zweigs ist er ein Zeichen des ewigen Ruhms.

Efeu

Immergrüne Pflanze, die wie der Lorbeer als Symbol für die Ewigkeit, aber auch als Zeichen für die Verbundenheit über den Tod hinaus gilt.

Ouroboros

Eine Schlange, die sich in den Schwanz beißt und so einen Kreis bildet, der auf das ewige Leben verweist.

Palme

Synonym für Sieg und Ehre (häufig zu finden auf Soldatengräbern).

Schmetterling

Die Raupe wird zur Puppe und fliegt schließlich nach dem Schlüpfen als Schmetterling davon. Symbol für die Wiedergeburt der Seele. In der römischen Antike nahm die aus dem Körper entweichende Seele die Form eines Schmetterlings an.

Mohn

Als Blume, aus der Opium gewonnen wird, steht der Mohn für den ewigen Schlaf. Die Mohnkapseln, welche die Körner umschließen, aus denen sich später die Samen bilden, sind auch ein Versprechen auf die Zukunft, die Geburt.

Phönix

Der Vogel, der aus seiner Asche aufersteht, symbolisiert Jesus, der den Tod erleiden musste, um zu seinem Vater aufzufahren und aufzuerstehen. Im weiteren Sinne steht der Phönix für den Tod als notwendigen Schritt auf dem Weg zur Wiedergeburt.

Pinienzapfen

Symbol der Stärke und Fruchtbarkeit. Wie die Eichel tritt auch der Pinienzapfen nach der Blüte auf und gilt so als Zeichen der Reife und des Erwachsenenalters sowie als Symbol für die Lebenskraft.

RIP

Lateinisch für *Requiesca(n)t In Pace* – „Ruhe in Frieden“. Kann auch auf Englisch als *Rest in Peace* gelesen werden.

Sanduhr

Die Sanduhr erinnert den Menschen an das unaufhaltsame Verrinnen der Zeit. Häufig mit Flügeln dargestellt, verweist sie auf das abgelaufene irdische Leben, das von den Engeln (Flügel) davongetragen wird. Die Sanduhr symbolisiert den Übergang vom Leben in den Tod und die Reise der Seele ins Paradies.

Schlange

Die Schlange steht für das Böse und Satan in Opposition zu Jesus und dem Guten. Die Jungfrau Maria vermag sie mit dem Fuß zu zertreten.

Urne

Seit der Antike finden Urnen bzw. Grabgefäße zur Aufbewahrung der Asche von Verstorbenen Verwendung. Manche Urnen, die als Skulptur auf Grabstätten zu finden sind, enthalten keine Asche, sondern dienen als Symbol für den Tod. In Verbindung mit einem Leichentuch verweisen sie insbesondere auf die Trauer.

Fledermaus

Als nachtaktives (mit dem Tod assoziiertes) Tier begleitet sie die Seele der Verstorbenen ins Jenseits.

DER OUROBOROS DES NEUEN FRIEDHOFS

11

Ein faszinierendes Symbol

Neuer Friedhof
Heinrich-Mann-Allee 25
Dezember bis Februar 8–16 Uhr; März bis April 7–18 Uhr; Mai bis August 7–20 Uhr; September bis Oktober 7–18 Uhr; November 8–17 Uhr
Tram 91, 92, 93, 96, 99 (alle von Potsdam Hbf) Haltestelle Potsdam, Friedhöfe

Gleich hinter dem Eingang zum Neuen Friedhof Potsdam befindet sich über dem Eingangsportal des Krematoriums ein bemerkenswertes Relief. Es zeigt einen Mann und eine Frau, die mit ihren Händen über einem Gefäß, vermutlich einer Urne, eine Kugel halten, auf der ein Kind auf einem Bein steht, und aus der zu beiden Seiten Blitze hervortreten.

Unterhalb der Urne ist eine Schlange dargestellt, die sich in den Schwanz beißt – ein faszinierendes, als Ouroboros bekanntes Bild, das seit dem Mittelalter als Talisman und Symbol der spirituellen Erleuchtung gilt (s. folgende Doppelseite).

Unter dem Ouroboros verweist die Inschrift „Der ewige Kreislauf ist goettlicher Beschluss“ darauf, dass der Tod, der hier im Krematorium besiegelt wird, von Gott bestimmt ist und nicht zufällig geschieht.

Die gesamte Szene scheint zu verdeutlichen, dass nach der Geburt (symbolisiert durch die Eltern, das Kind auf der Kugel, die Blitze) der Tod (symbolisiert durch die Urne) nicht die letzte Etappe unseres Seelenlebens ist: Der Ouroboros verweist auf das Thema der ewigen Wiederkehr von Leben, Tod und Neubeginn.

Nähere Informationen über den Ouroboros auf der folgenden Doppelseite.

Der Ouroboros: Symbol der Göttlichen Erleuchtung

Stellenweise findet man in der Ikonologie und der Literatur die Figur einer Schlange, die sich in den Schwanz beißt. Dieses Symbol wird gemeinhin Ouroboros genannt, ein Wort aus dem Griechischen, das ursprünglich aus dem Koptischen und Hebräischen hervorgegangen ist. *Ouro* bedeutet im Koptischen „König" und *ob* heißt „Schlange" auf Hebräisch, woraus sich der Begriff „königliche Schlange" ergibt. Das Reptil, das seinen Kopf über seinen Körper hebt, dient so der mystischen Erleuchtung: Für die Orientalen steht es für das göttliche Feuer, das sie Kundalini nennen. Nach dem Vorbild der östlichen Techniken der spirituellen Erkenntnis Dzogchen und Mahmudra, die offenbaren, wie der Meditierende lernen muss, „sich wie die Schlange selbst in den Schwanz zu beißen", erinnert das Thema des Ouroboros und des aufgenommenen Giftes daran, dass die geistige Verwirklichung nur aus einem Leben im Zeichen der Spiritualität entstehen kann. Hierfür erhebt man das eigene Bewusstsein in einen geistigen Zustand über den gewöhnlichen Formen, indem man versucht, in sich selbst hineinzublicken, um sich selbst als unvergängliches Wesen zu verstehen. Die Griechen haben das Wort Ouroboros mit seiner wörtlichen Bedeutung „Schlange, die sich in den Schwanz beißt" popularisiert. Sie haben diese Darstellung von den Phöniziern im Kontakt mit den Hebräern erhalten, die sie wiederum aus Ägypten hatten, wo der Ouroboros bereits auf einer Stele aus dem Jahr 1600 v. Chr. zu sehen ist. Dort stellt er den Gott Rá (Gott des Lichts) dar, der aus den Schatten der Nacht – Synonym für den Tod – wieder aufersteht. Dies wiederum verweist auf das Thema der ewigen Wiederkehr des Lebens, des Todes und des Neubeginns der Existenz, sowie auf die Wiedergeburt der Seelen in menschlichen Körpern. Dies geschieht solange, bis sie ihre höchste Entwicklungsstufe erreicht haben, die sie in körperlicher und geistiger Hinsicht perfekt macht – ein seit jeher beliebtes Thema bei den Völkern des Mittleren und Fernen Ostens. Auf diese Weise kann die Schlange, die sich selbst verzehrt, auch als Unterbrechung des menschlichen Entwicklungszyklus interpretiert werden (dargestellt durch die Schlange), um in den Kreis der spirituellen Entwicklung einzutreten (dargestellt durch den Kreis). Pythagoras verlieh der Darstellung den mathematischen Sinn der Unendlichkeit, da die Anordnung der Schlange an die Zahl Null erinnert. Die abstrakte

Ziffer zur Bestimmung der Unendlichkeit konkretisiert sich, wenn der Ouroboros dargestellt wird, wie er sich um sich selbst dreht. Die Gnostiker identifizierten sie mit dem Heiligen Geist, der sich durch seine Weisheit als Schöpfer aller sichtbaren und unsichtbaren Dinge offenbart, und dessen höchster Ausdruck auf Erden Christus ist. Daher findet man das Symbol auch in der gnostischen Literatur der Griechen im Zusammenhang mit dem Satz „Hen to pan", d. h. „Das Ganze", „Das Einzige" und übernahm es ab dem 4. und 5. Jh. als Schutzamulett gegen böse Geister und giftige Schlangenbisse. Das Amulett trug den Namen Abraxas, nach dem gleichnamigen Gott aus dem gnostischen Pantheon, den die Ägypter als Serapis identifizierten. Das Amulett wurde zu einem der bekanntesten magischen Talismane des Mittelalters. Die griechische Alchemie nahm sehr schnell die Figur des Ouroboros auf, die zu den Hermetikern aus Alexandrien gelangte. Die arabischen Denker verbreiteten dieses Bild in ihren Schulen des Hermetismus und der Alchemie, die im Mittelalter bei den Christen bekannt und gefragt waren. Es gibt sogar historische Belege, dass sich Mitglieder des Templerordens sowie andere mystische Christen nach Kairo, Syrien und sogar nach Jerusalem begeben haben, um sich mit den hermetischen Lehren vertraut zu machen.

DENKMAL ZU EHREN VON ELEONORE PROCHASKA

⑫

Die Geschichte einer Frau, die als Mann verkleidet gegen Napoleon kämpfte

Alter Friedhof
Heinrich-Mann-Allee 106
Dezember bis Februar 8 –16 Uhr; März bis April 7 –18 Uhr; Mai bis August 7 –20 Uhr; September bis Oktober 7 –18 Uhr; November 8 –17 Uhr
Tram 90, 92, 93, 96 (alle von Potsdam Hbf) Friedhöfe

Ganz am Ende der nordwestlichen Achse des Alten Friedhofs steht eine dorische Säule, auf der obenauf ein preußischer Adler thront. Dieses 1889 errichtete Denkmal erinnert an die Potsdamerin Eleonore Prochaska, die, verkleidet als Mann, als einzige deutsche Soldatin in den Napoleonischen Kriegen ihr Leben ließ. Auf dem Sockel ist folgende Inschrift zu lesen: „Der Heldenjungfrau zum Gedächtnis. Eleonore Prochaska. Geboren in Potsdam am 11. März 1785. Erzogen im königlichen großen Militärischen Waisenhaus. Freiwilliger Jäger im Lützowschen Korps. Zum Tode verwundet im Gefecht an der Göhrde. Gestorben am 5. Oktober 1813."

1794 wurden Eleonore und ihre drei Schwestern von ihrer Mutter in das große militärische Waisenhaus von Potsdam gegeben, nachdem der Vater, ein Unteroffizier in einem preußischen Gardebataillon, in den Krieg gegen Frankreich ziehen musste. Als der Vater einige Jahre später den Dienst verließ und von seiner Rente und vom Musikunterricht lebte, nahm er seine Töchter wieder bei sich auf und vermittelte ihnen seine Liebe zur Musik. Infolge der Napoleonischen Feldzüge begann Eleonore, sich für die Rolle der Frauen in den Volksaufständen gegen den französischen Besatzer in Spanien und Tirol zu interessieren. Nach einer kurzen Karriere als Köchin trat sie schließlich 1813 unter dem Namen August Renz in das Lützowsche Freikorps, den legendären Freiwilligenverband der preußischen Armee in den Befreiungskriegen, ein. In der Schlacht an der Göhrde im September 1813 wurde der vermeintliche Soldat August Renz bei dem Versuch, einen verletzten Kameraden aus der Kampflinie zu tragen, durch einen Granatsplitter schwer verwundet. Bei der Versorgung der Wunden trat Eleonores wahre Identität zutage. Wenige Tage später erlag sie ihren Verletzungen. Noch am Tag ihres Todes feierte man sie in einer offiziellen Depesche als „Potsdamer Jeanne d'Arc", und in der Folgezeit wurden der verehrten Patriotin zahlreiche Denkmäler und Kunstwerke gewidmet.

Seit 1993 erinnert links neben der Eingangstür zur Lindenstraße 34 A, dem früheren Sitz des großen militärischen Waisenhauses von Potsdam (in dem heute verschiedene öffentliche Stellen des Landes Brandenburg untergebracht sind), eine Gedenktafel daran, dass hier Eleonore Prochaska mit ihren Geschwistern von 1794 bis 1797 lebte.

EIN-MANN-BUNKER IM INDUSTRIEGEBIET AM BEETZWEG

⑬

Seltene Überreste alter Splitterschutzzellen

Ecke Beetzweg/Biberweg
S7 (von Potsdam Hbf) Babelsberg

Auf einer namenlosen Grünfläche an der Ecke Beetzweg/Biberweg in Babelsberg stehen einsam vier etwa brusthohe Betonkuppen (2 × 2,5 Meter), die aus der Ferne gesehen an große Findlinge erinnern. In Wirklichkeit handelt es sich um einige von wenigen bis heute erhaltenen Ein-Mann-Bunkern aus dem Zweiten Weltkrieg.

Die sogenannten Splitterschutzzellen wurden seinerzeit zu Tausenden gebaut und meist in der Nähe strategisch wichtiger Orte wie Bahngleise oder Rüstungsbetriebe aufgestellt. Wenn bei Luftangriffen alle zu den Bunkern rannten, konnten die Wachleute, die vor Ort bleiben mussten, um das Gelände zu überwachen und im Falle eines Brandes die Feuerwehr zu rufen, in diesen Zellen Schutz suchen. Die kleinen Bunker schützten sie zwar nicht vor direkten Treffern, sehr wohl jedoch vor herumfliegenden Granatsplittern.

Die vier Ein-Mann-Bunker am Beetzweg lagen über 70 Jahre lang im Verborgenen, bevor sie 2004 bei Arbeiten zur Erneuerung der Grünanlage zutage traten. In Ermangelung historischer Dokumente ist ihre tatsächliche Funktion bis heute ungeklärt.

Quelle: pnn.de/potsdam/weltkriegs-bunker-in-potsdam-die-vergessenen-betonpilze-von-babelsberg/21523054.html

Ein weiterer Ein-Mann-Bunker aus dem Zweiten Weltkrieg findet sich in der Potsdamer Karl-Marx-Straße 24. Er diente im Falle eines Bombenangriffs dem Wachmann am Eingang der Villa von Werner Naumann, einem hohen Beamten des nationalsozialistischen Propagandaministeriums, als Schutz.

DAS MIRENHAUS IM KÖNIGSWALD ⑭

Hier wurde der Beweis für die Verlagerung der Erdrotationsachse erbracht

Königswald
Bus 697 (von Potsdam Hbf) Zedlitzberg

Im Naturschutzgebiet Königswald, rund einen Kilometer südöstlich der Römerschanze, steht ein etwa acht Meter hoher, steinerner Turm. Anfang des 20. Jahrhunderts beherbergte er ein sogenanntes Mirenhaus des Königlich Preußischen Geodätischen Instituts, mit dem es dieser seinerzeit weltweit auf ihrem Gebiet führenden Einrichtung gelang, die Abweichung der Erde von ihrer Rotationsachse exakt zu bestimmen.

Bereits ab 1883 hatten mehrere Astronomen anhand von

Weltraumbeobachtungen die Vermutung geäußert, die Rotationsachse der Erde sei nicht völlig stabil.

Zu den ersten Aufgaben des 1893 eingeweihten Königlich Preußischen Geodätischen Instituts auf dem Potsdamer Telegrafenberg gehörte es, diese Annahme zu überprüfen.

Hierfür wurden an einer Nord-Süd-Achse zwei an den Polen ausgerichtete Türme errichtet: einer rund sechs Kilometer weiter nördlich und ein zweiter, der noch heute ebenfalls zu sehen ist, auf dem Kleinen Ravensberg im Königswald, zwei Kilometer weiter südlich.

Beide Türme beherbergten Mirenhäuser, die gebündeltes Licht aussendeten, das so stark war, dass es vom Turm des zentralen Observatoriums (dem heutigen Helmertturm) auf dem Telegrafenberg (seit 1992 Wissenschaftspark Albert Einstein) Tag und Nacht zu sehen war. Ein in der Drehkuppel dieses Turms aufgestelltes Teleskop diente dazu, die Position von Sternbildern in Relation zu der von diesen Fixpunkten gebildeten Achse sowie die exakte Uhrzeit, zu der sie diese überquerten, zu bestimmen. Anhand der über die Jahre beobachteten Abweichungen konnte schon bald nachgewiesen werden, dass sich die Erdrotationsachse um rund zehn Zentimeter pro Jahr verlagerte.

Diese Erkenntnis hatte schon bald Auswirkungen auf die moderne Geodäsie, die in der Folge ein Koordinatensystem entwickelte, um die Lage von Punkten auf der Erdoberfläche zu definieren.

Der Helmertturm steht noch heute auf dem Telegrafenberg, ein stückweit östlich des Hauptgebäudes des astrophysikalischen Observatoriums. Um ihn herum befinden sich fünf der Mirenhäuser, die einst Teil dieser Forschungsbemühungen waren. Die 1,5 bis 2,5 Meter hohen Wellblechhäuschen sind an ihrer pagodenartigen Form leicht zu erkennen.

DIE GEDENKTAFEL AN DER HEILANDSKIRCHE IN SACROW 15

Die erste deutsche Antennenanlage für drahtlose Telegrafie

Fährstraße
Sommer: Wassertaxi (Station 2) Sacrow/Heilandskirche
Ganzjährig: Bus 697 (von Potsdam Hbf) Schloss Sacrow

Aus der Ferne könnte man glauben, das steinerne Relief oberhalb der Tür zum Turm der Heilandskirche in Sacrow zeige Jesus am Kreuz. Kommt man jedoch näher, dann erkennt man, dass es sich um Atlas handelt, den Titanen aus der griechischen Mythologie, der dazu verdammt ist, die Welt auf seinen Schultern zu tragen. Seitlich aus der Weltkugel schießen in alle Richtungen Blitze hervor. Daneben ist auf einer Inschrift zu lesen: „An dieser Stätte errichteten Prof. Adolf Slaby und Graf von Arco die erste deutsche Antennenanlage für drahtlosen Verkehr." Ab 1866 verband die erste dauerhafte Kabelverbindung über den Atlantik Europa mit Amerika. Schon vier Jahre später war die ganze Welt verkabelt. Botschaften gelangten per Morsecode blitzschnell in alle Erdteile. Während die Menschheit diesen Sieg über Raum und Zeit feierte, befand sich eine noch außerordentlichere Innovation in Vorbereitung. Im Jahr 1865 stellte der Physiker James Clerk Maxwell (1831–1879) die Hypothese auf, dass elektrischer Strom elektromagnetische Wellen ausbildet, die sich mit Lichtgeschwindigkeit fortpflanzen. Der Physiker Heinrich Hertz (1857–1894) bestätigte diese Annahme, indem er die Existenz dieser Wellen nachweisbar machte – und erfand damit die drahtlose Kommunikation. Blieb noch ein Problem: Das erzeugte elektromagnetische Feld war zu kurz, um auch über weite Strecken zu kommunizieren. Dem Italiener Guglielmo Marconi (1874–1937) gelang es jedoch, die Reichweite von Funkwellen durch magnetische Polarisation auszudehnen und dem Magnetfeld eine bestimmte Richtung zu geben. Nachdem der Elektrotechniker Adolf Slaby (1849–1913) einem von Marconis Versuchen in England beigewohnt hatte, wiederholte er diesen gemeinsam mit dem Ingenieur Georg von Arco (1869–1940) in Potsdam.

Ihre ersten, von einer Antenne in der Matrosenstation ausgesendeten Signale waren auf der drei Kilometer entfernten Pfaueninsel allerdings nicht zu empfangen, denn ein Waldgebiet und eine Reihe von Gebäuden auf der Halbinsel und um den Jägerhof herum verhinderten die Übertragung.

Letztlich gelang es aber am 27. August 1897, von der Turmspitze der Heilandskirche aus ein Signal über eine hindernisfreie Strecke von 1,6 Kilometer zu senden und zu empfangen. Einige Monate später stellte Slaby nach mehreren technischen Verbesserungen Marconis Rekord mit einer Funkverbindung über mehr als 60 Kilometer von Berlin nach Jüterbog ein.

Vor Erfindung des Morsecodes und der drahtlosen Telegrafie wurde zum Übermitteln von Nachrichten hauptsächlich die optische Telegrafie genutzt. Ein kaum bekanntes Relikt dieser Kommunikationsform findet sich auf dem Potsdamer Telegrafenberg (s. S. 58).

GEDENKSTEIN FÜR DIE GLASHÜTTE KUNCKEL 16

Die Legende des Alchemisten

Pfaueninsel
April bis Oktober 10–18 Uhr; November bis März 10–16 Uhr
S7 (von Potsdam Hbf) Wannsee Bhf + Bus 218 (Wannsee Bhf) Pfaueninsel

Am äußersten Rand der Pfaueninsel markiert wenige hundert Meter nördlich des Beelitzer Jagdschirms ein Gedenkstein den Ort, an dem einst die Glashütte Kunckel ihren Sitz hatte. Diese wurde vermutlich von Neidern nach dem Tod ihres Gönners Friedrich Wilhelm von Brandenburg in Brand gesetzt und fiel den Flammen zum Opfer.

Auf dem Gedenkstein ist zu lesen: „Johann Kunckel erbaute 1685 sein Laboratorium auf dieser Insel. Er stellte Phosphor und Rubinglas her."

Der um 1635 geborene Johann Kunckel wurde nach einer chemisch-pharmazeutischen Ausbildung von Kurfürst Johann Georg II. von Sachsen an den Hof von Dresden berufen, wo man ihm ein ansehnliches Gehalt als Goldmacher und Alchemist bot. Doch das Unternehmen scheiterte. Als der sächsische Kurfürst ihm die Auszahlung des Gehalts verweigerte, war Kunckel gezwungen, sich eine neue Anstellung zu suchen.

Im Jahr 1677 beorderte ihn der Leibarzt des Großen Kurfürsten Friedrich Wilhelm an den Hof. Der offizielle Auftrag lautete, die brandenburgischen Finanzen durch die Umwandlung unedler Metalle in Gold und Silber aufzupolieren. Doch insgeheim verfolgte der Kurfürst ganz andere Pläne. Nach dem Dreißigjährigen Krieg war Brandenburg verarmt. Friedrich Wilhelms Intention war es, seinem Land durch ein neues Exportprodukt wieder zu Glanz zu verhelfen. Auserkoren hatte er die Produktion von Glas aus regionalem Quarz.

1678 begann Johann Kunckel, in der Glashütte Drewitz zu experimentieren. Ein Jahr später eröffnete er am Hakendamm (der in etwa entlang der heutigen Friedrich-Engels-Straße verlief) ein zweites Atelier in der Glashütte von Jobst Ludewig. Der Produktionsstart verlief erfolgreich. Aus alten Aufzeichnungen lässt sich eine Jahresproduktion von stattlichen 30 000 bis 50 000 Stück errechnen.

Schließlich gelang es Kunckel 1684, das Geheimnis des Goldrubinglases zu entschlüsseln, eines dunkelrot gefärbten Glases, das entsteht, wenn man der Glasschmelze Goldchlorid beimengt. Das Verfahren war bereits im antiken Rom bekannt, jedoch 1000 Jahre verloren gewesen.

Brandenburg besaß damit ein neuartiges, international äußerst begehrtes Produkt. Der Kurfürst war mit Kunckels Arbeit so zufrieden, dass er ihm ein lukratives Monopol für die Herstellung und den Verkauf von Rubinglas einräumte und ihm zudem 1685 die Pfaueninsel (die damals Kaninchenwerder hieß) als Geschenk vermachte, um seine Experimente dort weiterzuführen. Kunckel durfte auf der Insel nicht nur Glas herstellen, sondern auch Schnaps brennen.

Die Rauchschwaden und intensiven Gerüche aus seiner Glashütte sowie das formelle, für alle außer den Kurfürsten geltende Verbot, die Insel zu betreten, ließen bald schon Gerüchte aufkommen, der „Inselhexer" widme sich dort der Magie und der Transmutation von Metallen.

Einige Objekte aus Goldrubinglas sowie ein Originalexemplar von Kunckels Abhandlung *Ars Vitraria Experimentalis*, oder *Vollkommene Glasmacherkunst* sind im Potsdam-Museum (Am Alten Markt 9) ausgestellt.

Die Glasmeisterstraße in Babelsberg ist ebenfalls Johann Kunckel gewidmet, der hier ein weiteres Atelier besaß. Im Jahr 2005 fanden Archäologen in der Friedrich-Engels-Straße bei Arbeiten neben der Brücke über die Nuthe verschiedenfarbige Glasfragmente, bei denen es sich vermutlich um Materialreste aus der Glashütte von Kunckel handelte.

JOHANNIS KUNCKELII,
Churfürstl. Brandenb. würcklich bestallt-geheimden Cammer-Dieners,
ARS VITRARIA
EXPERIMENTALIS,
Oder vollkommene
Glasmacher-Kunst/
Lehrende/
Als in einem, aus unbetrüglicher Erfahrung, herfliessendem Commentario, über die von dergleichen Arbeit beschriebene sieben Bücher P. Anthonii Neri, von Florenz, und denen darüber gethanen gelehrten Anmerckungen Christophori Merretti, M. D. & Societ. Reg. Britann. Socii,
(so aus den Italien- und Lateinischen beyde mit Fleiß ins Hochteutsche übersetzt)
Die allerkurtz-bündigsten Manieren, das reineste Chrystall-Glas; alle gefärbte oder tingirte Gläser; künstliche Edelstein oder Flüsse; Amausen, oder Schmeltze; Doubleten/ Spiegeln/ das Tropff-Glas; die schönste Ultramarin, Lacc- und andere nützliche Mahler-Farben; ingleichen wie die Saltze zu den allerreinesten Chrystallinen Gut/ nach der besten Weise an allen Orten Teutschlands mit geringer Müh und Unkosten copieus und compendieus zu machen/ auch wie das Glas zu mehrer Perfection und Härte zu bringen. Nebst ausführlicher Erklärung aller zur Glaskunst gehörigen Materialien und Ingredientien; sonderlich der Zaffera und Magnesia rc. Anzeigung der nöthigsten Kunst- und Handgriffe; dienlichsten Instrumenta; bequemsten Gefässe/ auch nebst andern des Autoris sonderbaren Ofen/ und dergleichen mehr/ nützlichen in Kupffer gestochenen Figuren.
Samt einem II. Haupt-Theil.
So in drey unterschiedenen Büchern, und mehr als 200. Experimenten bestehet/ darinnen vom Glasmahlen/ vergulden und Brennen; vom Holländischen Kunst- und Porcellan-Töpfferwerck; Vom kleinen Glasblasen mit der Lampen; Von einer Glas-Flaschen-Forme/ die sich viel 1000. mal verändern lässet; Wie Kräuter und Blumen in Silber abzugiessen; Gyps zu tractiren; Rare Spick- und Lacc-Fürnisse! Türckisch Papier; rc. Item der vortreffliche Aurum Gold-Sträu-Glantz; und viel andere ungemeine Sachen zu machen/ gelehret werden/
Mit einem Anhange von denen Perlen und fast allen natürlichen Edelsteinen; Wobey auch in gewissen Tabellen eigentlich zu sehen/ wie sich die köstlichsten derselben nach dem Gewicht an ihren Preiß verhalten/ und einem vollständigen Register.
Alles hin und wieder in dieser dritten Edition um ein merckliches vermehret.

Nürnberg / in Verlegung Christoph Riegels/ Buchhändlers unter der Vesten. 1743.

Die Pfaueninsel und die Alchemie

Im Jahr 1792 erwarb Friedrich Wilhelm II. die Pfaueninsel als Erweiterung des Neuen Gartens, nachdem sein Plan gescheitert war, den Pfingstberg in den Garten zu integrieren. Mit Wilhelmine Enke war der König als junger Mann zur Pfaueninsel gerudert, um seiner Geliebten dort im Schilf versteckt aus Büchern vorzulesen. Auf der Insel führte zudem im 17. Jahrhundert der Alchemist Johann Kunkel geheime alchemistische Experimente durch, bei denen er zwar nicht den Stein der Weisen fand, aber das Goldrubinglas entwickelte (s. S. 297). Nicht zufällig ließ König Friedrich Wilhelm II. Pfauen auf die Insel bringen, die erst von da an den Namen Pfaueninsel erhielt: Die farbenprächtigen, schleppenartigen Schwanzfedern der männlichen Pfauen verweisen, wenn sie sie majestätisch auffächern, auf eine Phase des alchemistischen Prozesses. Der Pfauenschwanz enthält alle Farben des Regenbogenspektrums, die aus weißem Licht entstehen, wenn es durch ein Prisma gebrochen wird. In der Alchemie steht dies für den Übergang vom Negredo, dem Werk in Schwarz, zum Albedo, dem Werk in Weiß, der zweiten Phase des alchemistischen Prozesses (s. S. 156).

Pfauendarstellungen im Neuen Garten

Abbildungen von Pfauen findet man an mehreren Orten im Neuen Garten, beispielsweise im Deckengemälde der Parolekammer im Erdgeschoss des Marmorpalais und auf dem Deckengemälde der Muschelgrotte, das in Resten erhalten ist.

DIE FRÜHERE EXKLAVE WÜSTE MARK

⑰

Ein Stück Westberlin im Herzen der DDR ...

Potsdamer Damm 11C – 14532 Stahnsdorf
S7 (Potsdam Hbf), dann Bus 601 (Güterfelde, Friedenstraße)

Die Wüste Mark ist eine Lichtung, eine schöne große Grasfläche, umringt von märkischen Kiefern. Wüst ist sie auch, aber nur im Sinn von „unbestellt und menschenleer". Sie liegt mitten in der Parforceheide, einem großen Waldgebiet im Raum Potsdam-Babelsberg, und hat eine besondere Geschichte: Als einer der letzten Schauplätze für skurrile innerdeutsche Gebietsverhältnisse bildete sie nämlich bis 1988 eine Exklave Westberlins in der DDR.

Im *Potsdam Atlas* aus dem VEB Tourist Verlag von 1978 findet sich auf einer Übersichtskarte ein dunkles, im Kolorit der Staatsgrenze gehaltenes Rechteck in der Parforceheide. Daneben steht: „Zu WB (Westberlin)". Die Wüste Mark, 21,83 Hektar groß, stellte damals keinen Einzelfall dar. Es gab mehrere Flächen, die zwar von DDR-Land umgeben waren, de iure aber zu Westberliner Territorium gehörten. Im Gegensatz zu vielen anderen Exklaven war die Wüste Mark unbewohnt und nicht eingezäunt; lediglich Grenzgebietsschilder wiesen sie als BRD-Land aus.

1959 pachtete der Landwirt Hans Wendt aus Zehlendorf (BRD) die Brache vom Westberliner Senat und bewirtschaftete sie. Durch die Grenzschließung 1961 wurde dieser Tätigkeit zunächst ein Ende gesetzt, doch Wendt blieb hartnäckig und erhielt schließlich einen Sonderpassierschein. So fuhr er ab 1965 wieder mit seinem Traktor auf der Autobahn via Grenzübergang Dreilinden Richtung Potsdam, um „mitten im Feindesland" Ackerbau zu betreiben. Er durfte sogar auf

© Global Fish

DDR-Gebiet übernachten und bis zu fünf Erntehelfer beschäftigen. Vor allem Roggen baute er an, aber auch Kartoffeln wuchsen auf der nun gar nicht mehr wüsten Wüste Mark.

1988 kam ein politisch hochbrisanter „Gebietstausch" zwischen der DDR und Westberlin zustande. Gegen harte Devisen und einige Wald-, Brach- und Ackerflächen auf DDR-Gelände – unter anderem die Wüste Mark – erhielt Berlin fehlende Puzzlestückchen im Stadtbild, etwa das Lenné-Dreieck am Potsdamer Platz, den Hottengrund und den Großen Kienhorst (siehe nächste Doppelseiten). All dies wurde am Verhandlungstisch entschieden, ohne dass Bauer Wendt davon wusste.

Im Herbst zuvor hatte sein Sohn Christian noch den Winterroggen gesät und mit seinen Brüdern Geld investiert, um eine Fruchtfolge für zukünftigen Bio-Gemüseanbau zu etablieren. Wenige Tage, nachdem Wendt von der neuen Situation erfuhr, starb er bei einem Aufenthalt in Potsdam an einem Herzinfarkt. – Heute gehört die Wüste Mark zur Brandenburger Gemeinde Stahnsdorf.

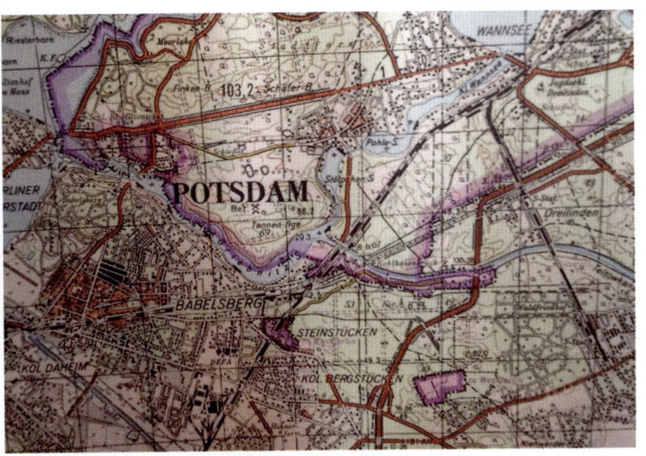

Exklaven und Enklaven

Bei einer Exklave handelt es sich um einen Teil des Hoheitsgebiets eines Landes (oder einer Region), der vom Rest des Gebietes des Landes (der Region) räumlich abgetrennt und ausschließlich über fremdes Gebiet zu erreichen ist. Eine Enklave ist ein vom eigenen Gebiet vollständig eingeschlossener Teil eines fremden Gebietes (Region oder Land). Das Königreich Lesotho ist beispielsweise eine Enklave in Südafrika.

DIE SYMBOLIK DES LANGENSCHEIDT-MAUSOLEUMS

18

Ein verborgenes Freimaurersymbol

Stahnsdorfer Südwestkirchhof
Bahnhofstraße 2
14532 Stahnsdorf
Brandenburg
April bis September 7–20 Uhr, Oktober 7–18 Uhr, November bis Februar 8–17 Uhr, März 7–18 Uhr
Bus X1 (von Potsdam Hbf) Stahnsdorf, Meisenweg

Ganz im Nordwesten des Stahnsdorfer Friedhofs liegt im Block Epiphanien auf Parzelle 23 die Erbbegräbnisstätte der Familie von Gustav Langenscheidt (1832–1895), Professor und Entwickler einer neuartigen leichten Lernmethode für Französisch und Englisch sowie Begründer des berühmten gleichnamigen Verlagshauses. Zwei Merkmale des Mausoleums verdienen nähere Aufmerksamkeit: In der Mitte des Tympanons befindet sich ein Mosaik mit zwei Händen vor blauem Hintergrund. Das ornamentreiche Gitter am Eingang ziert eine Emailleplatte, auf der vor grünem Hintergrund eine von einem Lichtschein und Sonnenstrahlen umgebene Erdkugel dargestellt ist.

Beides sind Hinweise auf die zentralen Leitelemente des einstigen Logos des Langenscheidt-Verlags: eine von Zweigen umgebene

Weltkugel, aus der das Licht des Wissens strahlt, darüber zwei verschlungene Hände, die durch die Wolken brechen.

Das Logo symbolisiert Freundschaft (Handschlag) und Frieden (Zweige), die aus dem gegenseitigen Verstehen erwachsen, das das Erlernen fremder Sprachen ermöglicht.

Auf der ursprünglichen Darstellung waren nicht nur zwei, sondern drei Hände zu sehen, auf deren Manschetten „Frankreich“, „England“ und „Deutschland“ zu lesen stand.

Das oft von den Freimaurern zum Zeichen der brüderlichen Liebe verwendete Symbol der ineinandergelegten Hände ist zudem ein Verweis darauf, dass Gustav Langenscheidt der Loge *Friedrich Wilhelm zur gekrönten Gerechtigkeit* angehörte.

Nach Langenscheidts Tod im Jahr 1895 beauftragte seine Witwe Pauline den Architekten Johannes Lange mit der Gestaltung des Mausoleums, das dieser im Stil des Neoklassizismus mit Renaissanceelementen ausführte.

Das Gitter weist mit seinen floralen Motiven eine interessante Symbolik auf und führt den Betrachter vom Glauben (dargestellt durch die Lilien der Fenster) über Arbeit und schwere Prüfungen (Disteln) hinauf ins Paradies (Rosen). Auf beiden Seiten des Gitters ist oberhalb der Lilien der Wahlspruch Langenscheidts zu lesen: *„per aspera ad astra“* („Durch Mühen zu den Sternen“), eine Maxime, die an das „Ohn' Fleiß kein Preis“ erinnert, das in dem ursprünglichen Warenzeichen des Langenscheidt Verlags prangte.

Der Gruß der Freimaurer

Die Freimaurer grüßen sich mit einem besonderen Handschlag: Durch sanfte Druckzeichen der Daumen verweisen sie auf ihren Grad. Lehrlinge drücken (mit der Spitze des rechten Daumens) dreimal leicht das erste Glied des rechten Zeigefingers ihres Gegenübers: zweimal kurz, einmal lang. Dieser antwortet mit demselben Gruß, berührt mit seinem rechten Daumen jedoch fünfmal das erste Glied des rechten Mittelfingers seines Gegenübers: zweimal kurz, einmal lang, zweimal kurz. Der Meister grüßt auf die gleiche Weise, jedoch mit sieben Druckzeichen: viermal kurz, dreimal lang.

SPUREN DES ALTEN STAHNSDORFER BAHNHOFS (19)

Eine durch den Mauerbau unterbrochene Bahnlinie

Bahnhofstraße 20
14532 Stahnsdorf
Bus X1 (von Potsdam Hbf) Stahnsdorf, Meisenweg

Gegenüber dem Haupteingang des Stahnsdorfer Südwestkirchhofs (s. S. 304) liegt neben dem Café-Restaurant Tick-Tack ein kleiner Platz, an dessen Ende ein Eisenbahnsignal – technisch korrekt ein sogenanntes Formsignal – zu sehen ist. Wer sich ein wenig auskennt, stellt fest, dass sich das obere Mastblech in horizontaler Haltposition befindet. Neben dem Signal steht ein echtes Stück der Berliner Mauer, an dem auf zwei Schildern in einigen Bildern und Zeilen erklärt wird, dass genau hier einst die „Friedhofsbahn" hielt: Es handelt sich um die Bahnstrecke, die von Stahnsdorf aus über Dreilinden-Kleinmachnow zum Bahnhof Wannsee führte, eine Strecke, die 1913 eigens zur Anbindung des vier Jahre zuvor eingeweihten neuen Großfriedhofs eingerichtet worden war.

Seine romantische Lage und die einfache Erreichbarkeit über die direkte Schienenverbindung ließen den Friedhof schnell zur bevorzugten letzten Ruhestätte für viele Berliner und schon bald auch für viele Prominente werden.

Mit der Schließung der Grenzen und dem Bau der Mauer am 13. August 1961 wurde die Linie durchtrennt und unbenutzbar (wobei Wannsee im Norden an die BRD und Stahnsdorf im Süden an die DDR fielen). Die Anlagen wurden aufgegeben und verwahrlosten bis zur Sprengung des nicht mehr sanierungsfähigen Bahnhofsgebäudes im Jahr 1976. Noch heute sind überall auf den 4,2 Kilometern zwischen Stahnsdorf und Wannsee Zeichen und Relikte dieser Bahnstrecke zu finden.

1990 wurde im Einigungsvertrag die Wiederherstellung aller alten S-Bahn-Verbindungen bestimmt. Lücken wurden geschlossen, ganze Abschnitte vor allem im Brandenburger Umland neu gebaut. Nicht jedoch die Friedhofsbahn. Die kleine Gedenkstätte wurde zum 100. Geburtstag der Einrichtung der Bahnstrecke eingeweiht und erinnert Besucher am alten Bahnhofsvorplatz seit 2013 an dieses Versäumnis.

DIE GRABSTÄTTE JULIUS WISSINGER ⑳

Ein expressionistisches Meisterwerk von Max Taut

Südwestkirchhof Stahnsdorf – Bahnhofstraße 2 – 14532 Stahnsdorf Brandenburg
April bis September 7–20 Uhr, Oktober 7–18 Uhr, November bis Februar 8–17 Uhr, März 7–18 Uhr
Bus X1 (von Potsdam Hbf) Stahnsdorf, Meisenweg

Im Kapellenblock, rund 100 Meter südlich der Kapelle des Südwestkirchhofs Stahnsdorf, liegt im Schatten eines ungewöhnlichen Grabmals die letzte Ruhestätte der Familie Wissinger. Der Entwurf für das in den Jahren 1922/23 errichtete *Erbbegräbnis Wissinger* stammt von dem Berliner Architekten Max Taut und erinnert in seiner Optik an das nackte Skelett eines gotischen Kirchenschiffs. Es umfasst acht Pfeiler, zwischen denen sich zehn Spitzbögen aufspannen. Die von dem Stahlbetongerüst geformten Joche unterteilen die Basis in drei einzelne Bereiche, in denen die Grabsteine liegen.

Dieses Werk von Max Taut entstand im Kontext der *Künstlergemeinschaft Gläserne Kette*, die in den Jahren 1919/20 die Utopie einer von Transparenz und Bewegung geprägten Architektur (einer „gläsernen" Architektur) entwarf.

Die meisten der gezeichneten Entwürfe wurden nie realisiert. Die Grabstätte der Familie Wissinger bildet die einzige berühmte Ausnahme. Den Auftrag für die Gestaltung erhielt Max Taut von dem Kunstliebhaber und -mäzen Julius Wissinger (1884–1965) und dessen Frau Helene nach dem Tod seines Vaters Julius im Jahr 1920.

Die Mitglieder der von Max Tauts Bruder Bruno Taut ins Leben gerufenen *Gläsernen Kette*, hauptsächlich Architekten, tauschten in Form eines Briefwechsels untereinander Ideen und Entwürfe aus. Die Gemeinschaft hatte starken Einfluss auf die Entwicklung des deutschen Expressionismus, der, bei philosophischer Betrachtung, dem nietzscheanischen Moment entsprang, in dem der Mensch realisiert: „Gott ist tot", eine Transzendenz gibt es nicht, der Geist ist materieller Natur. Dieser Gedanke findet sich auch in dem von Max Taut gestalteten Grabmal wieder, in dem dieser den heiligen Raum (das Grab) aus toter Materie (dem Vulkangestein um die Grabstätte) aufsteigen lässt. In einer Reihe damit steht die Skulptur des Künstlers Otto Freundlich, die ursprünglich Teil der Grabstätte war und einen Golem zeigte: ein Erdmonster, dem sein Schöpfer Leben einhauchte und das damit zwar lebendig wurde, jedoch nichts als reine Materie war.

Die Familie Wissinger gelangte im ausgehenden 19. Jahrhundert durch den Handel mit Getreide und Saatgut zu Wohlstand und besaß ein schön gestaltetes, heute saniertes Speichergebäude, das in der Pfuelstraße 5–8 am Berliner Spreeufer bewundert werden kann.

Im September 1995 hielt sich Thomas Jonglez in der Stadt Peshawar auf. Sie liegt im Norden Pakistans, zwanzig Kilometer von der Stammeszone entfernt, die er ein paar Tage später besuchen wollte. Dort kam ihm der Gedanke, alle verborgenen Winkel seiner Heimatstadt Paris, die er wie seine Westentasche kannte, schriftlich festzuhalten. Auf seiner Heimreise von Beijing, die sieben Monate dauerte, durchquerte er Tibet (wo er heimlich, unter Decken in einem Nachtbus versteckt, einreiste), Iran und Kurdistan. Er reiste dabei nie im Flugzeug, sondern per Boot, Zug oder Bus, per Anhalter, mit dem Rad, dem Pferd oder zu Fuß und erreichte Paris gerade rechtzeitig, um mit seiner Familie Weihnachten feiern zu können.

Nach seiner Rückkehr verbrachte er zwei großartige Jahre damit, durch die Straßen von Paris zu streifen, um gemeinsam mit einem Freund seinen ersten Reiseführer über die verborgenen Orte seiner Stadt zu schreiben. Während der nächsten sieben Jahre arbeitete er im Stahlsektor, bis ihn seine Entdeckerleidenschaft wieder überfiel. 2003 gründete er Jonglez Verlag und zog drei Jahre später nach Venedig.

2013 verließ er mit seiner Familie Venedig auf der Suche nach neuen Abenteuern und unternahm eine sechsmonatige Reise nach Brasilien mit Zwischenstopps in Nordkorea, Mikronesien, auf den Salomon-Inseln, der Osterinsel, in Peru und Bolivien. Nach sieben Jahren in Rio de Janeiro lebt er heute mit seiner Frau und seinen drei Kindern in Berlin.

Jonglez Verlag publiziert Titel in neun Sprachen und 40 Ländern.

DANKSAGUNGEN

Andy Altmeier, Paula Anke, Nicholas Bamberger, Mathilde Bonbon, Élodie Bouchereau, Veronika Kellndorfer, Karim Ben Khalifa, Constance Breton, Ekaterina Emchenko, Oliver Euchner, Uwe Fabich, Bodo Förster, Michael Fuchs, Daniel Heer, Jan Kleihues, Michaela Lindinger, Frédéric Lucas, Elizabeth Markevitch, Daniele Maruca, Amélie de Maupeou, Delphine Mousseau, Suraj Nathwany, Pascale Nicoulaud, Mathilde Ramadier, Bertrand Saint-Guilhem, Philipp Schüneman, Carsten Seiler, Tommy Spree, Patrick Suel, Dr. Georg Thaler, Hemma Thaler, Anja Weber, Lilith Zink, Irmgard Hegmann, Reinhard Falk, Dr. Martin Jost, Martin Mende

Manuel Roy:
Ich möchte mich von Herzen bei all jenen bedanken, die mich bei meinen Berliner Recherchen und Erkundungen unterstützt haben: meinen Freunden Gerhard Schwarz und Sunhwa Lee, Frau Sandra Rohwedder von der *Deutschen Stiftung Denkmalschutz*, Herrn Hans Riefel vom Landesdenkmalamt, Herrn Jörg Kuhn vom Evangelischen Friedhofsverband Berlin-Stadtmitte, Frau Annette Winkelmann von der Carl-Gotthard-Langhans-Gesellschaft, Frau Isabella Mannozzi von der Bildgießerei Noack, Herrn Yeter Hanef sowie den vielen ungenannten Berlinerinnen und Berlinern, die mir an den besuchten Orten begegnet sind und deren unerschöpflicher, stets mit Freude geteilter Wissensschatz mich ein ums andere Mal überrascht hat. Berlin, ick liebe dir.

Marika Langhorst:
Mein herzlicher Dank gilt Thomas Jonglez und dem Jonglez-Verlag für die Zusammenarbeit, für Ideen und Inspirationen und dafür, dass sie die Fährte zu den versteckten Orten legen.

BILDNACHWEIS

Fotos © **Manuel Roy** und **Thomas Jonglez**:

Berit Ruge: Historisches Foto zeigt die ehemalige Eremitage, Elefantenbaum, Pyramide im Neuen Garten, Rosenkreuzerische Symbole des Marmorpalais, Scheinakazien im Neuen Garten.
Marika Langhorst: Gedächtnisurne am Ufer des Heiligen Sees, Grab von Hans Rudolf Wilhelm Ferdinand von Bischoffwerder.
Bertrand Saint-Guilhem: Grabstätte Julius Wissinger.

Karten: Cyrille Suss – **Konzeption:** Emmanuelle Willard Toulemonde – **Übersetzung:** Tanja Felder – **Lektorat:** Christiane Manz und Antje Eszerski – **Korrektur-Lesen:** Johanna Kling – **Herausgabe:** Clémence Mathé

Pflichtexemplar: November 2023 – 1. Auflage
ISBN: 978-2-36195-597-7
Gedruckt in Bulgarien bei Dedrax